I0536020

مهارت خواندن و نوشتن

برای نوجوانان و بزرگسالان آشنا با فارسی گفتاری

Persian Reading and Writing Proficiency

For Bilingual Teens and Adults

تهیه و تدوین: مدرسه فارسی شیکاگو
Created by the Chicago Persian School

Chicago Persian School is a registered not-for-profit organization in the state of Illinois, USA, with the mission of providing a comprehensive education in Persian language and culture to any interested individual, regardless of their race, gender, nationality, religion, or ethnic background. Since 2007, Chicago Persian School has endeavored to offer a rich and innovative language curriculum to children and adult learners by cultivating all their language comprehension, reading, writing, listening, and speaking skills from beginner through advanced levels. Armed with years of experience in the field of bilingual education and a passion for preserving the Persian language and Iranian culture, Chicago Persian School has developed original Persian language textbooks and teaching approaches for heritage and non-heritage learners.

مهارت خواندن و نوشتن
برای نوجوانان و بزرگسالان آشنا با فارسی گفتاری

تهیه و تدوین: مدرسه فارسی شیکاگو
حق چاپ و نشر محفوظ و متعلق به مدرسه فارسی شیکاگو می‌باشد.
ناشر: مدرسه فارسی شیکاگو
شابک: 979-8-9901076-7-0
چاپ اول، تابستان ۱۴۰۳
گروه نویسندگان: مریم قریشی، نگار منصوریان‌هادوی، ثریا کندی
سایر همکاران: یاسمن موسوی، فرید منوچهرفر، گیلدا خلج، مهوش کمونه
صفحه آرایی: رامبد والا و امیرعلی خطیبی
طرح روی جلد: سامان فرخاک

Persian Reading and Writing Proficiency
For Bilingual Teens and Adults

Created by the Chicago Persian School
Copyright © 2024, All rights reserved
publications@chicagopersianschool.org
Publisher: Chicago Persian School
ISBN: 979-8-9901076-7-0
First Edition, Summer 2024
Contributing Authors: Maryam Ghoreighi, Negar Mansourian-Hadavi, Soraya Kendy
Other Collaborators: Yasaman Moussavi, Farid Manouchehrfar, Gilda Khalaj, Mahvash Kamouneh
Layout Design: Rambod Vala and Amirali Khatibi
Cover design: Saman Farkhak

This textbook represents the culmination of years of collaboration, innovation, and exploration by the dedicated Persian language educators at the Chicago Persian School. Through careful assessment of learning outcomes and numerous iterations of classroom methodologies, our team has crafted and refined this material to offer the most effective approach to learning Persian.

Designed for high school students and adults familiar with spoken Persian, this textbook provides a step-by-step guide to mastering Persian reading and writing. It aims to take learners from basic literacy to advanced proficiency, equipping them with the skills needed to read and write Persian language fluently and confidently.

The textbook is organized into 30 meticulously designed lessons:

1. **Lessons 1-10:** Focus on mastering the Persian alphabet, with ample practice for each letter. These lessons include various exercises that reinforce sound recognition and correct pronunciation.

2. **Lessons 11-20:** Introduce simple reading content relevant to everyday life, helping learners apply their skills in real-world contexts.

3. **Lessons 21-30:** Delve into Iranian culture, history, and art, enhancing learners' understanding and appreciation of Persian texts while achieving a higher level of mastery.

The creators of this book very consciously endeavored to utilize existing novel research on language acquisition and bilingual education to complement the benefits derived from their years of experience in teaching Persian as a second language to heritage learners. In choosing the writing style, authors considered various expert recommendations for the possessive pronouns writing styles, such as«کتابم‌ام», or verbs such as«خوب‌ام», and opted for a more classical approach, in favor of simplifying. Familiar to general colloquial language users, the writing style for the earlier examples are written as «کتابم» and «خوبم».

Although the authors have diligently strived to ensure accuracy and clarity in every aspect of this textbook, suggestions for improvements are most welcome. The ultimate goal is to establish this book as a comprehensive resource for Persian literacy for anyone throughout the world who is interested.

Page	CONTENTS	فهرست	Lesson

الفبای فارسی / Persian Alphabet

• الفبای فارسی ۳۲ حرف دارد.

• There are 32 letters in Persian alphabet.

• بعضی از حروف بیش از یک صدا دارند: مثل «و» و «ی».

• Some of the letters have more than one sound.

• بعضی از حروفِ متفاوت صدای مشترک دارند: مثل «ت» و «ط».

• Some of the different letters sound the same.

• بعضی از حروف، با توجّه به جای آنها در کلمه (اوّل، وسط، یا آخر)، به شکل‌های متفاوت نوشته می‌شوند: مثل «هـ ـهـ ـه ه».

• Some of the letters may be written in more than one form, depending on their location in the word (beginning, middle, or end).

• بعضی از حروف، با توجّه به جای آنها در کلمه (اوّل، وسط، یا آخر)، ممکن است که به حرف قبل یا بعد از خود بچسبند یا نچسبند.

• Some of the letters may or may not connect to the adjacent letter, depending on their location in the word (beginning, middle, or end).

• صداها و نشانه‌های دیگری هم هستند که جزو الفبا نیستند اما در نوشتن و خواندن فارسی استفاده می‌شوند: مثل «تشدید ـّـ».

• There are additional characters and vowels that are not included in the alphabet but they are used in Persian writing and reading.

• فارسی از راست به چپ نوشته می‌شود.

• Persian script is written from right to left.

شماره	حرف Letter	اسم حرف Letter's Name	صدای حرف Pronunciation
۱	آ ا	Alef اَلف	Ã [all]
۲	بـ ب	Beh ب	B [bed]
۳	پـ پ	Peh پ	P [pin]
۴	تـ ت	Teh ت	T [toy]
۵	ثـ ث	Seh ث	S [sell]
۶	جـ ج	Jeem جیم	J [joy]
۷	چـ چ	Cheh چ	Ch [chair]
۸	حـ ح	Heh ح	H [hat]
۹	خـ خ	Kheh خ	Kh [khees]
۱۰	د	Dãl دال	D [dull]
۱۱	ذ	Zãl ذال	Z [zero]
۱۲	ر	Reh ر	R [red]
۱۳	ز	Zeh ز	Z [zip]
۱۴	ژ	Zheh ژ	Zh [casual]
۱۵	سـ س	Seen سین	S [seed]
۱۶	شـ ش	Sheen شین	Sh [shell]
۱۷	صـ ص	Sãd صاد	S [soap]
۱۸	ضـ ض	Zãd ضاد	Z [zebra]
۱۹	ط	Tã طا	T [tip]

صدای حرف Pronunciation	اسم حرف Letter Name	حرف Letter	شماره
Z [zoo]	Zã ظا	ظ	۲۰
A glottal stop [mo'alem]	Eyn عین	عـ عـ ع ع	۲۱
Gh [ghazã]	Gheyn غین	غـ غـ غ غ	۲۲
F [fit]	Feh ف	فـ ف	۲۳
Gh [ghermez]	Ghãf قاف	قـ ق	۲۴
K [kick]	Kãf کاف	کـ ک	۲۵
G [go]	Gãf گاف	گـ گ	۲۶
L [lamp]	Lãm لام	لـ ل	۲۷
M [man]	Meem میم	مـ م	۲۸
N [no]	Nun نون	نـ ن	۲۹
V [voice] O [boy] U [pull] OW [row]	Vãv واو	و	۳۰
H [home] E [tempeh]	Heh ه	هـ ـهـ ـه ه	۳۱
EE [eel] EY [prey]	Yeh ی	یـ ی	۳۲

درس اوّل | صداها | Vowels

• در زبان فارسی ۶ صدای اصلی استفاده می‌شود: ۳ صدای کوتاه «ـَـ ـِـ ـُـ» و ۳ صدای بلند یا کشیده «آ ا، او و، ایـ یـ ی».

• There are 6 main vowels in Persian language: 3 short vowels and 3 long vowels.

• صداهای کوتاه هیچ‌وقت به تنهایی نوشته نمی‌شوند و همیشه بر روی یا زیر یکی از حروف الفبا اضافه می‌شوند: مثل «پِدَر». این صداها فقط برای آموزشِ زبان فارسی نوشته و معمولاً در متن‌های فارسی حذف می‌شوند مگر نوشتنشان به راحت‌خوانی کمک کند.

• Short vowels never appears by themselves in Persian writing. Any letter can be a carrier for short vowels. The short vowel signs may be omitted during writing unless writing them helps fluent reading.

• وقتی کلمه با صدای کوتاهِ «ـِ» تمام شود و حرف قبل از آن بی‌صدا باشد حرفِ «ـه» صدای «ـِ» را نمایندگی می‌کند: مثل «نامه».

• When a word ends with the short vowel «ـِ» right after a consonant, letter «ـه» represents that sound.

• وقتی که کلمه با صدای کوتاه شروع شود آن صدای کوتاه بر روی حرفِ الف «ا» (بدون کلاه و صدای کشیده‌ی «آ») اضافه می‌شود و الف آن صدا را نمایندگی می‌کند: مثل اَ اِ اُ.

• When a word starts with a short vowel, the letter «ا» (without the cap or its usual ã sound) becomes the carrier of the short vowel, such as اَ اِ اُ.

Long Vowels / صداهای بلند

آ ا — Sounds ã [as in tall]

- آب [ãb]
- باد [bãd]
- دُنیا [donyã]

او و — Sounds u [as in sugar]

- او [u]
- خوب [khub]
- آلو [ãlu]

ایـ یـ ی — Sounds ee [as in feel]

- ایران [eerãn]
- سیب [seeb]
- آبی [ãbee]

Short Vowels / صداهای کوتاه

اَ ـَ — Sounds a [as in hat]

- اَسب [asb]
- سَبَد [sabad]

اِ ـِ — Sounds e [as in tell]

- اِسم [esm]
- پِدَر [pedar]

اُ ـُ — Sounds o [as in pole]

- اُمید [omeed]
- بُرد [bord]

Letters that can be consonant or vowel

Name: Vãv — و

As a Consonant:
Sound V [as in Voice]

- At the beginning of a word: Carries a short vowel. It never connects to the following letter.
- In the middle of a word: Carries a short vowel or follows a vowel. It may or may not connect to the preceding letter.
- At the end of a word: Follows a vowel. It may or may not connect to the preceding letter.

به عنوان حرف بی‌صدا

- در شروع کلمه: با یکی از صداهای کوتاه می آید و هرگز به حرف بعدی متصل نمی‌شود.
- در وسط کلمه: به دنبال یک حرف صدادار و یا به همراه یکی از صداهای کوتاه می‌آید. ممکن است به حرف قبلی متصل شود.
- در پایان کلمه: به دنبال حرف صدادار می‌آید. ممکن است به حرف قبلی متصل شود.

Sounds V	«و» at the end	«و» in the middle	«و» in the middle	«و» at the beginning
	گاو	ناروَن	نَوار	وَرزِش
	gãv	nãrvan	navãr	varzesh

Sounds O [as in Toe]

Sounds OW [as in Row]

به عنوان حرف صدا دار

- در شروع کلمه: وقتی بعد از الف باشد، صدای U یا OW می‌دهد.
- در وسط کلمه: وقتی بعد از یک حرف بی‌صدا بیاید، صدای U ،O یا OW می‌دهد.
- در پایان کلمه: وقتی که بعد از یک حرف بی‌صدا بیاید، صدای O، U یا OW می‌دهد.

Sounds O	«و» at the end	«و» at the end	«و» in the middle	«و» in the middle
	دو	پالتو	رویا	تولید
	doe	pãlto	roya	toleed

Sounds U	«و» at the end	«و» in the middle	«و» in the middle	«و» at the beginning
	گِردو	خوب	روز	اونجا
	gerdu	khub	ruz	unjã

Sounds OW	«و» at the end	«و» in the middle	«و» in the middle	«و» at the beginning
	پَرتو	روشَن	نوبَت	اوقات
	partow	rowshan	nowbat	owghãt

Name: Heh	هـ ـهـ ـه ه

به عنوان حرف بی‌صدا

• در شروع کلمه: همیشه به حرف بعدی متصل می‌شود.
• در وسط کلمه: همیشه به حرف بعدی متصل می‌شود. ممکن است به حرف قبلی متصل شود.
• در پایان کلمه: همیشه بعد از حرف صدادار می‌آید. ممکن است به حرف قبلی متصل شود.

As a Consonant: Sounds H [as in Home]

• In the beginning of a word: Always connects to the following letter.
• At the middle of a word: Connects to the following letter but may or may not connect to the preceding letter.
• In the end of a word: Comes only after a vowel and may or may not connect to the preceding letter.

Sounds H	«ـه» at the end	«ه» at the end	«هـ» in the middle	«ـهـ» in the middle	«هـ» at the beginning
	نُه	ماه	کاهو	شَهر	هَوا
	noh	mãh	kãhu	shahr	havã

به عنوان حرف صدا دار

• به عنوان یک حرف صدادار، این حرف تقریباً همیشه در پایان کلمه و به دنبال یک حرف بی‌صدا می‌آید.

As a Vowel: Sounds E [as in Forte]

• As a vowel, this letter almost always appears at the end of a word, following a consonant.

Sounds E	«ه» not connected	«ه» not connected	«ـه» connected
	میوه	پَنجِره	خانه
	meeveh	panjereh	khãneh

ی Name: Ye

As a Consonant: Sounds Y [as in Yellow]

- At the beginning of a word: Carries a short vowel and always connects to the following letter.
- In the middle of a word: Comes between a vowel and a consonant. It connects to the following letter but may or may not connect to the preceding letter.
- At the end of a word: Comes only after a vowel and may or may not connect to the preceding letter.

به عنوان حرف بی‌صدا

- در شروع کلمه: با یکی از صداهای کوتاه می‌آید و همیشه به حرف بعدی متصل می‌شود.
- در وسط کلمه: بین یک حرف صدادار و بی‌صدا می‌آید. ممکن است به حرف قبلی متصل شود اما همیشه به حرف بعدی متصل می‌شود.
- در پایان کلمه: همیشه بعد از حرف صدادار می‌آید. ممکن است به حرف قبلی متصل شود.

Sounds Y	«ی» at the end	«یـ» in the middle	«یـ» in the middle	«یـ» at the beginning
	چای	گِریه	پِیک	یِک
	chāi	geryeh	peyk	yek

As a Vowel: Sounds EE [as in Eel]

- At the beginning of a word: It is accompanied by Alef.
- In the middle of a word: Comes between two consonants.
- At the end of a word: Follows a consonant.

به عنوان حرف صدادار

- در شروع کلمه: همراه الف می‌آید.
- در وسط کلمه: بین دو حرف بی‌صدا می‌آید.
- در پایان کلمه: بعد از یک حرف بی‌صدا می‌آید.

Sounds EE	«ی» at the end	«ی» at the end	«یـ» in the middle	«یـ» in the middle	«ایـ» at the beginning
	سَبزی	سینی	دیر	سیر	اینجا
	sabzee	seenee	deer	seer	eenjã

تمرین اوّل

شِعرِ زیرِ بَخشی اَز غَزَلِ مولانا اَز «دیوانِ شَمس» اَست. زیرِ صِداهایی که می‌شِناسی خَط بِکِش.

The following is an excerpt from a Rumi poem from "Divãn-e Shams". Circle the vowels that you can recognize.

آمد بَهارِ جان‌ها، اِی شاخِ تَر به رَقص آ
چون یوسُف اَندَر آمَد، مِصر و شِکَر به رَقص آ
اِی شاهِ عِشق‌پَروَر، مانَندِ شیرِ مادَر
اِی شیرِ جوش دَر رو، جانِ پدر به رقص آ
چوگانِ زُلف دیدی، چون گوی دَر رِسیدی
اَز پا و سَر بُریدی، بی‌پا و سر به رقص آ

درس دوّم | الف | Alef

آ ا

اسم: الف	Name: Alef
صدا: آ	Sound: ã

آرام [ãrãm]
باز [bãz]
شُما [shomã]

بنویس

آ - آ - آ

ا

راهنمای نوشتن | Writing Guideline

اگر در اوّل کلمه باشد «آ»
با کلاه نوشته می‌شود و به حرف بعدی نمی‌چسبد.

At the beginning of a word «آ»
It is written with a cap on top and does not connect to the following letter.

اگر در وسط کلمه باشد «ا»
بدون کلاه نوشته می‌شود و ممکن است به حرف قبلی بچسبد، اما هیچ‌وقت به حرف بعدی نمی‌چسبد.

In the middle of a word «ا»
It is written without the cap and may connect to the preceding letter, but never connects to the following letter.

اگر در آخر کلمه باشد «ا»
بدون کلاه نوشته می‌شود و ممکن است به حرف قبلی بچسبد.

At the end of a word «ا»
It is written without the cap and may connect to the preceding letter.

Example	«ا» at the end	«ا» at the end	«ا» in the middle	«آ» at the beginning
	فَردا	ما	باران	آب
	fardã	mã	bãrãn	ãb

اگر در اوّل کلمه و بدون کلاه باشد
«ا»
یکی از صداهای «ــَـــِـــُـ» را نمایندگی
می‌کند.

At the beginning of a word without the top cap «ا»
It represents one of the short vowels of « ــَـــِـــُـ».

Example	ــِـ	ــُـ	ــَـ
	اِمروز	اُتاق	اَسب
	emruz	otãgh	asb

بنویس

اَ

اِ

اُ

تمرین اوّل

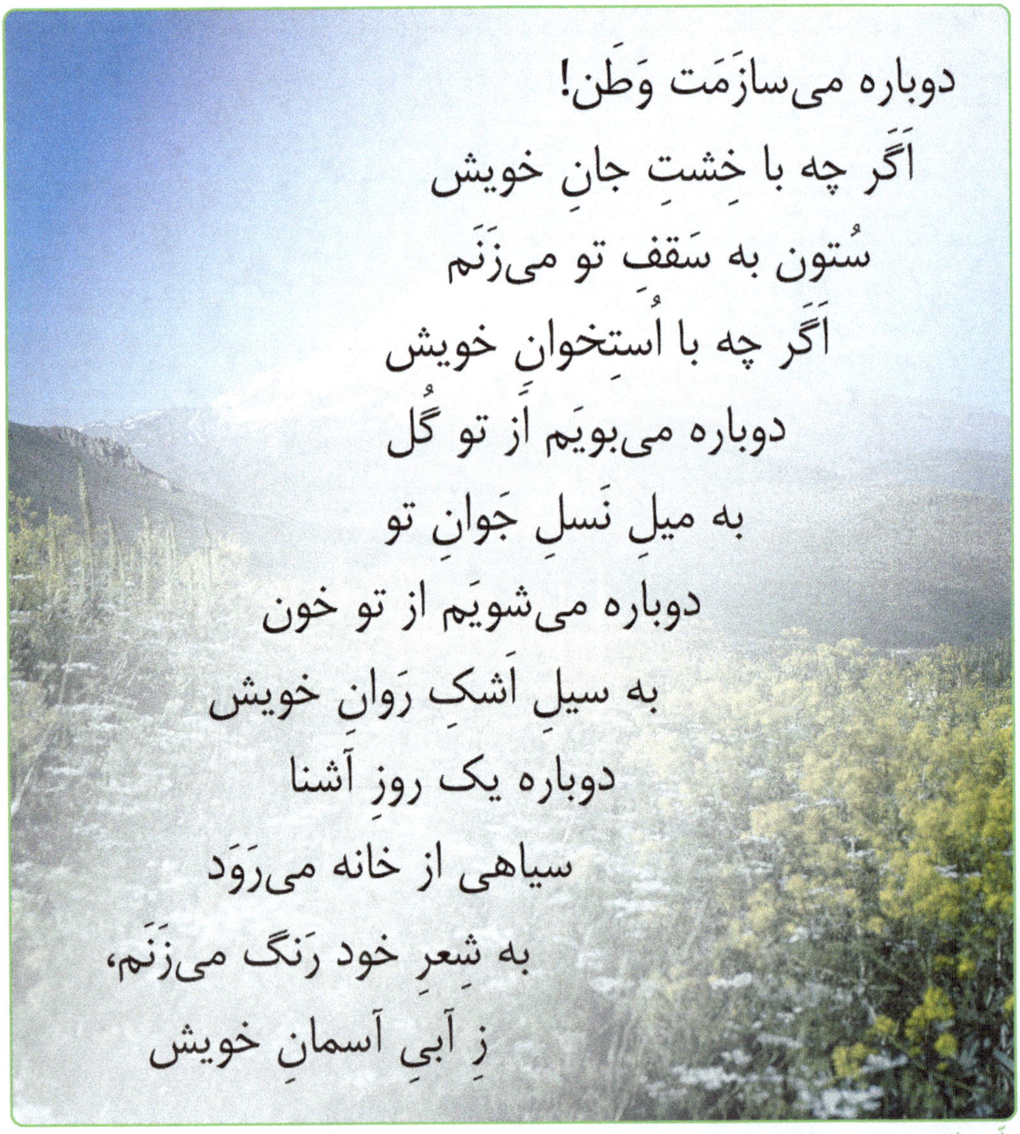

شِعرِ زیرِ بَخشی اَز شِعرِ «دوباره می‌سازَمَت وَطَن» اَز سیمین بِهبَهانی اَست. شِکل‌های مُختَلِف «الف» را پیدا کُن و زیرِ آنها خَط بِکِش.

Underline different forms of Alef in the following poem which is an excerpt taken from *My Country, I Shall Build You Again* by Simin Behbahani.

دوباره می‌سازَمَت وَطَن!
اَگَر چه با خِشتِ جانِ خویش
سُتون به سَقفِ تو می‌زَنَم
اَگَر چه با اُستِخوانِ خویش
دوباره می‌بویَم اَز تو گُل
به میلِ نَسلِ جَوانِ تو
دوباره می‌شویَم از تو خون
به سیلِ اَشکِ رَوانِ خویش
دوباره یک روزِ آشنا
سیاهی از خانه می‌رَوَد
به شِعرِ خود رَنگ می‌زَنَم،
زِ آبیِ آسمانِ خویش

* قلّه دماوند

درس سوّم

حروف دو شکلی:گروه اول / Two-Form Letters: First Group

ثـ ث	تـ ت	پـ پ	بـ ب

بـ ب

اسم: به	Name: Beh
صدا: ب	Sound: B

بازو [bãzu]
اَبرو [abru]
شَب [shab]

بنویس

بـ

ب

پـ پ

اسم: په	Name: Peh
صدا: پ	Sound: P

پاره [pãreh]
سِپید [sepeed]
توپ [tup]

بنویس

پـ

پ

تـ ت	اسم: ته	Name: Teh
	صدا: ت	Sound: T

توپ [tup]
سِتاره [setãreh]
هَست [hast]

بنویس

تـ

ت

ثـ ث	اسم: ثه	Name: Seh
	صدا: ث	Sound: S

ثُریا [sorayã]
کَثیف [kaseef]
اِرث [ers]

بنویس

ثـ

ث

راهنمای نوشتن / Writing Guideline

اگر در اوّل کلمه باشد
شکل اوّل حرف استفاده می‌شود و به حرف بعدی می‌چسبد.

At the beginning of a word
The short form is used and connects to the following letter.

باد [bãd]	پِدَر [pedar]	تِهران [tehrãn]	ثِروَت [servat]

اگر در وسط کلمه باشد
شکل اوّل استفاده می‌شود و ممکن است به حرف قبلی بچسبد، اما همیشه به حرف بعدی می‌چسبد.

In the middle of a word
The short form is used, which may connect to the preceding letter, but always connects to the following letter.

[barpã] بَرپا	[tappeh] تَپّه	[ãbee] آبی	[nabãt] نَبات
[asar] اَثَر	[kaseef] کَثیف	[partãb] پَرتاب	[ketãb] کِتاب

اگر در آخر کلمه باشد
شکل دوّم استفاده می‌شود و ممکن است به حرف قبلی بچسبد.

At the end of a word
The long form is used which may connect to the preceding letter.

[sup] سوپ	[zeep] زیپ	[tãb] تاب	[tarteeb] تَرتیب
[ers] اِرث	[mosallas] مُثَلَّث	[nabãt] نَبات	[takht] تَخت

Pronunciation / تلفّظ

bee	بـ + ی = بی	bu	بـ + و = بو	bã	بـ + ا = با
pee	پـ + ی = پی	pu	پـ + و = پو	pã	پـ + ا = پا
tee	تـ + ی = تی	tu	تـ + و = تو	tã	تـ + ا = تا
see	ثـ + ی = ثی	su	ثـ + و = ثو	sã	ثـ + ا = ثا

تمرین اوّل

شِکلِ دُرُستِ حُروف را اِنتِخاب کُن وَ کَلَمه‌ی کامِل را بِنِویس.

Choose the correct form of the letter and write the word.

ت/ تـ + و =	تو	آ + ب/ بـ =	
ب / بـ + ا =		بُـ + ت/ تـ =	
پ/ پـ + ی =		تو + پ/ پـ =	

تمرین دوّم

از راهنَمای زیر اِستِفاده کُن و اِسمِ هَر تَصویر را به فارسی بِنِویس.

Use the following table to write the name of each picture in Persian.

patu	tãb	pã	tup	tab	ãb	otu	tut

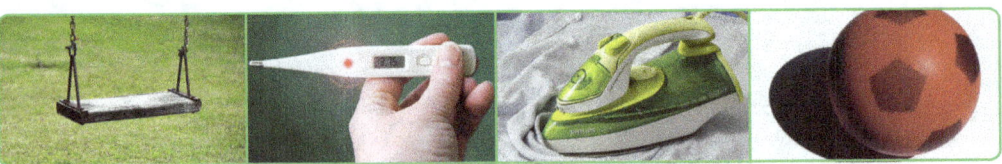

تمرین سوّم

شِکلِ دُرُستِ حُروف را اِنتِخاب کُن وَ کَلَمه‌ی کامِل را بِنِویس.

Choose the correct form of the letter and write the word.

ب + ا + ب + ا = بابا	ت + و + ت =
ت + ـَ + ب =	ب + ـُ + ت =
پ + ا =	پ + ـَ + ت + و =
ت + و + پ =	اُ + ت + و =
ت + ا + ب =	اَ + ث + ا + ث =
ب + ی + ت + ا =	ث + ا + ب + ـِ + ت =

تمرین چهارم

کَلَمه‌ی فارسی را با تَوَجّه به تَلَفُّظِ اِنگِلیسی و با اِستِفاده از شِکلِ دُرُستِ حُروف بِنِویس.

read the following pronunciations and write the Persian word, using the correct form of letter and vowels.

sabt → ثَبت

beetã →

bot →

sãbet →

PERFECT YOUR Persian

تمرین پنجم

حُروفِ آشنا را دَر کلمه‌های زیر بِخوان و کَلَمه را حَدس بَزن (حُروفِ قِرمِز رَنگ هَنوز تَدریس نَشُده‌اَند).

Try to guess the words by reading the familiar letters (letters in red font have not been taught yet).

تَبَر

تاج

کَباب

کِتاب

چوب

*

پُلو

درس چهارم

حروف دو شکلی: گروه دوم / Two-Form Letters: Second Group

جـ ج	چـ چ	حـ ح	خـ خ

جـ ج

اسم: جیم	Name: Jeem
صدا: ج	Sound: J

- جارو [jãru]
- پَنجِره [panjereh]
- بُرج [borj]

بنویس

جـ

ج

چـ چ

اسم: چه	Name: Cheh
صدا: چ	Sound: Ch

- چِرا [cherã]
- قِیچی [gheychee]
- پارچ [pãrch]

بنویس

چـ

چ

Name: Heh	اسم: حه
Sound: H	صدا: ح

حـ ح

- حال [hãl]
- بَحث [bahs]
- صُبح [sobh]

بنویس

حـ

ح

Name: Kheh	اسم: خه
Sound: Kh	صدا: خ

خـ خ

- خَراب [kharãb]
- پَخش [pakhsh]
- میخ [meekh]

بنویس

خـ

خ

راهنمای نوشتن / Writing Guideline

اگر در اوّل کلمه باشد
شکل اوّل حرف استفاده می‌شود و به حرف بعدی می‌چسبد.

At the beginning of a word
The short form is used and connects to the following letter.

جیب [jeeb]	چَشم [chashm]	حِس [hes]	خوب [khub]

In the middle of a word

The short form is used, which may connect to the preceding letter, but always connects to the next letter.

اگر در وسط کلمه باشد

شکل اوّل استفاده می‌شود و ممکن است به حرف قبلی بچسبد، اما همیشه به حرف بعدی می‌چسبد .

[parcham] پَرچَم	[panchar] پَنچَر	[harjã] هَرجا	[anjeer] اَنجیر
[derakht] دِرَخت	[tokhm] تُخم	[rãhat] راحَت	[mahal] مَحَل

At the end of a word

The long form is used and may connect to the preceding letter.

اگر در آخر کلمه باشد

شکل دوّم استفاده می‌شود و ممکن است به حرف قبلی بچسبد.

[pãrch] پارچ	[peech] پیچ	[kãj] کاج	[geej] گیج
[kãkh] کاخ	[meekh] میخ	[farah] فَرَح	[sobh] صُبح

Pronunciation / تلفّظ

jee	جـ + ی = جی	ju	جـ + و = جو	jã	جـ + ا = جا
chee	چـ + ی = چی	chu	چـ + و = چو	chã	چـ + ا = چا
hee	حـ + ی = حی	hu	حـ + و = حو	hã	حـ + ا = حا
khee	خـ + ی = خی	khu	خـ + و = خو	khã	خـ + ا = خا

تمرینِ اوّل

شِکلِ دُرُستِ حَروف را اِنتِخاب کُن و کَلَمه‌ی کامِل را با تَلَفُّظِ آن بِنِویس.

Choose the correct form of the letters to make the word, then write the pronunciation.

Pronunciation	Persian Word
ãnjã	آ + ن + ج + ا = آنجا
	چ + و + ب =
	ج + ی + ب =
	پ + ی + چ =
	پ + ـُ + خ + ت =
	چ + ی =
	خ + و + ب =
	ت + ا + ج =
	ت + ـَ + خ + ت =
	چ + ا + پ =

تمرین دوّم

با تَرکیبِ حُروف و صِداهای زیر کلمه‌های مَعنی‌دار بِساز.

Make meaningful words with the following letters and vowels.

آ ا	بـ ب	پـ پ	تـ ت	ـَ ـِ ـُ
چـ چ	جـ ج	حـ ح	خـ خ	یـ ی

چاپ

تمرین سوّم

اِسمِ هَر شِکل را بِنِویس.

Write the name of each picture in Persian.

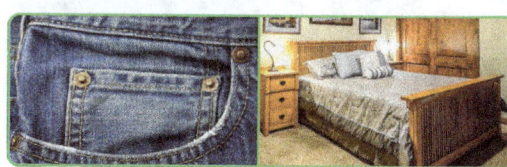

تمرین چهارم

دور حُروفی که تا اینجا یاد گِرِفته‌ای خَط بِکِش.

Circle the letters that you have learned, so far.

نیما یوشیج دَر جَشنِ یک سالِگیِ فَرزَندَش نِوِشت:
پِسَرَم! یک بَهار، یِک تابِستان، یِک پاییز و یِک زِمِستان را دیدی!
اَز این پَس هَمه چیزِ جَهان تِکراری اَست، جُز مِهرَبانی.

سوئه‌چاله، گیلان

*

تمرین پنجم

حُروف و صِداها را مرتّب کُن و کَلَمه‌ی مَعنی‌دار بِساز. بَعد کلمه‌ها را بِنِویس و بِخوان.

Put the letters and vowels in order to make meaningful words, then write and read the words.

ت / ـُـ / پـ / ـخـ	پُخت
ـَ / پ / چ	
ب / جـ / یـ	
ـخـ / ت / ـَ / تـ	
ـیـ / ا / بـ	
ا / پـ	
ـیـ / پـ / چ	
ـو / ب / خـ	

درس پنجم

حروف تک شکلی: گروه اول / Single-Form Letters: First Group

د	ذ	ر	ز	ژ	و

د

اسم: دال	Name: Dãl
صدا: د	Sound: D

دارو [dãru]
صِدا [sedã]
سَرد [sard]

بنویس

د

ذ

اسم: ذال	Name: Zãl
صدا: ذ	Sound: Z

ذَرّه‌بین [zarreh-been]
اَذیَت [azyat]
لَذیذ [lazeez]

بنویس

ذ

ر

اسم: ره	Name: Reh
صدا: ر	Sound: R

راست [rãst]
سَرد [sard]
کار [kãr]

بنویس

ر

ز

اسم: زه	Name: Zeh
صدا: ز	Sound: Z

زَبان [zabãn]
بُزُرگ [bozorg]
گاز [gãz]

بنویس

ز

ژ

اسم: ژه	Name: Zheh
صدا: ژ	Sound: Zh

ژاله [zhãleh]
پَژمُرده [pazhmordeh]
دِژ [dezh]

بنویس

ژ

	Name: Vāv	اسم: واو
	Sound: V	صدا: و

وَرزِش [varzesh]
کارِوان [kārevān]
سَرو [sarv]

بنویس

و

تلفّظ	Pronunciation

dee	د + ی = دی	du	د + و = دو	dā	د + ا = دا
zee	ذ + ی = ذی	zu	ذ + و = ذو	zā	ذ + ا = ذا
ree	ر + ی = ری	ru	ر + و = رو	rā	ر + ا = را
zee	ز + ی = زی	zu	ز + و = زو	zā	ز + ا = زا
zhee	ژ + ی = ژی	zhu	ژ + و = ژو	zhā	ژ + ا = ژا
vee	و + ی = وی	vu	و + و = وو	vā	و + ا = وا

راهنمای نوشتن	Writing Guideline

At the beginning of a word
Never connects to the following letter.

اگر در اوّل کلمه باشد
هیچ‌وقت به حرف بعدی
نمی‌چسبد.

رَفت [raft]	ذُرَّت [zorrat]	دَست [dast]
وَسَط [vasat]	ژاپُن [zhāpon]	زِشت [zesht]

In the middle of a word

May connect to the preceding letter but never connects to the following letter.

اگر در وسط کلمه باشد

ممکن است به حرف قبلی بچسبد، اما هیچ‌وقت به حرف بعدی نمی‌چسبد.

[ãzar] آذَر	[bazr] بَذر	[ãdres] آدرِس	[badan] بَدَن
[suzan] سوزَن	[mazeh] مَزِّه	[dars] دَرس	[charkh] چَرخ
[farãvãn] فَراوان	[savãr] سَوار	[rezheh] رِژه	[mozheh] مُژه

At the end of a word

May connect to the preceding letter.

اگر در آخر کلمه باشد

ممکن است به حرف قبلی بچسبد.

[nofuz] نفوذ	[lazeez] لَذیذ	[zard] زَرد	[sabad] سَبَد
[bãz] باز	[reez] ریز	[anãr] اَنار	[sheer] شیر
[sarv] سَرو	[deev] دیو	[gãrãzh] گاراژ	[kazh] کَژ

تمرین اوّل

Combine the letters to make words and connect each word to the right pronunciation.

با تَرکیبِ حُروف کَلَمه بِساز و هَر کَلَمه را به تَلَفُّظِ دُرُستَش وَصل کُن.

Zeebã	د + و + ر =
Zeer	د + یـ + ر =
Zud	جـ + ا + ر + و =
Zorrat	ز + یـ + بـ + ا =
Dur	تـ + و + ر =
Jãru	ز + یـ + ر =
Deer	ز + و + د =
Tur	ذُ + رَ + ت =

تمرین دوّم

با تَرکیبِ حُروف کَلَمه بِساز و مَعنیِ اِنگِلیسی‌اَش را بِنِویس.

Combine the letters to make words and then write the English translation of each word.

ب + ا + د = باد	Wind
خَ + ر + ا + ب =	
ج + و + ر + ا + ب =	
ب + ا + ز + ی =	
د + ی + ر + و + ز =	
خَ + ر + ی + د + ا + ر =	
دِ + رَ + خ + ت =	
آ + رِ + ز + و =	
ر + ا + حَ + ت =	
وُ + ر + و + د =	
ز + ی + ب + ا =	

تمرین سوّم

حُروف و صِداها را مُرَتَّب کن و
با آنها کَلَمه‌های مَعنی‌دار بِساز و
تَلَفُّظِ آنها را بِنویس.

Make a meaningful word with
each group of letters and vowles
and write the pronunciation.

pronunciation	word	
Tãr	تار	ا / تـ / ر
		د / ـَ / ز / ر
		ر / ـُ / د / بـ
		ا / جـ / د / ـُ
		ر / د / ـَ / د
		ا / د / خُـ
		د / آ / ز / ا
		ا / بـ / ر

تمرین چهارم

در هر تصویر، دور حروفی که تا اینجا یاد گِرفته‌ای خِط بِکِش.

In every picture, circle the letters that you have learned so far.

تمرین پنجم

رُباعیِ زیر اَز خَیّام نیشابوری اَست. کلمه‌هایی را که می‌توانی بِخوانی پِیدا کُن و دَر جاهای خالی بِنِویس.

The following is a quatrain by Khayyam. Find the words that you can read and then write them in the blank space below.

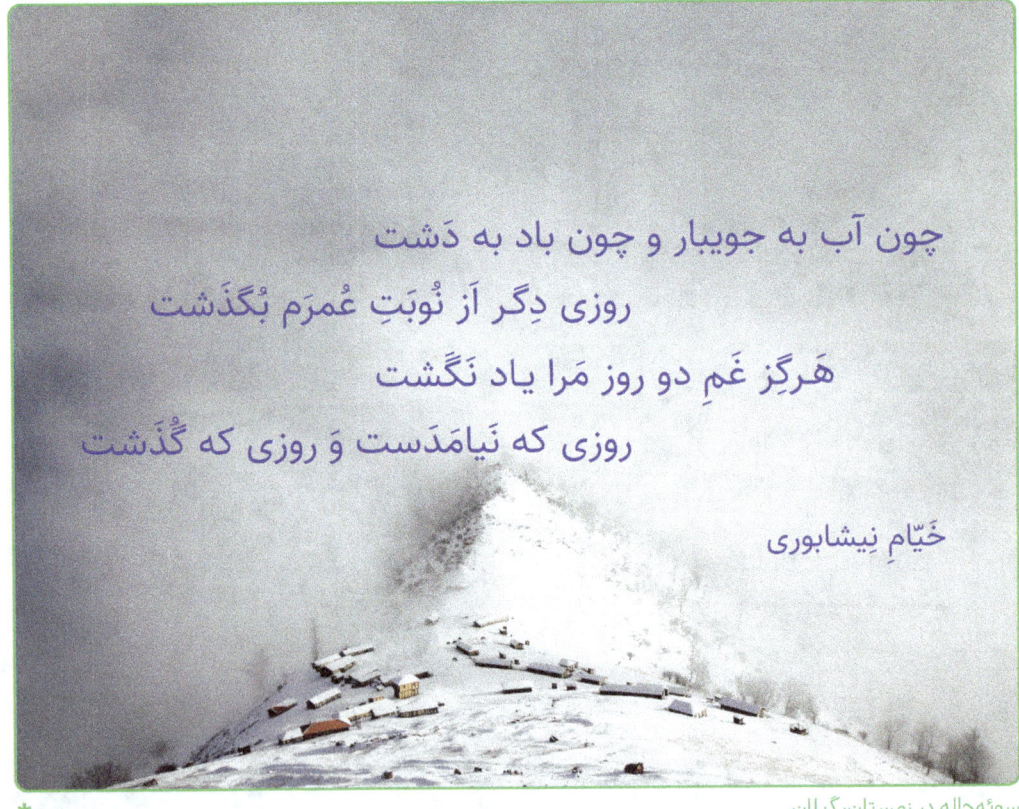

چون آب به جویبار و چون باد به دَشت
روزی دِگر اَز نُوبَتِ عُمرَم بُگذَشت
هَرگِز غَمِ دو روز مَرا یاد نَگَشت
روزی که نَیامَدَست وَ روزی که گُذَشت
خَیّامِ نِیشابوری

سوئه‌چاله در زمستان، گیلان *

تمرین ششم

جدول زیر را مانند مثال کامل کن.
حروف می‌توانند در اول، وسط، یا آخر کلمه‌های نمونه باشند.

Complete the table. The letters can be either at the beginning, middle, or the end of the word samples.

Sample کلمه‌ی فارسی	Sound صدا	Name اسم	Letter حرف
		Alef	آ
			ا
			بـ ب
			پـ پ
			تـ ت
	S		ثـ ث
			جـ ج
		Cheh	چـ چ
			حـ ح
			خـ خ
			د
			ذ
			ر
			ز
ژیان			ژ
			و

درس ششم

حروف دو شکلی: گروه سوم / Two-Form Letters: Third Group

سـ س	شـ ش	صـ ص	ضـ ض	فـ ف	قـ ق	کـ ک	گـ گ

سـ س

اسم: سین	Name: Seen
صدا: س	Sound: S

سَماوَر [samāvar]
مَسیر [maseer]
لِباس [lebās]

بنویس

سـ

س

شـ ش

اسم: شین	Name: Sheen
صدا: ش	Sound: Sh

شَلوار [shalvār]
قَشَنگ [ghashang]
فَرش [farsh]

بنویس

شـ

ش

صـ ص

اسم: صاد	Name: Sãd
صدا: ص	Sound: S

صابون [sãbun]
نَصیحَت [naseehat]
جِرص [hers]

بنویس

صـ

ص

ضـ ض

اسم: ضاد	Name: Zãd
صدا: ض	Sound: Z

ضَربه [zarbeh]
حاضِر [hãzer]
مَریض [mareez]

بنویس

ضـ

ض

ﻓ ف

اسم: فه	Name: Feh
صدا: ف	Sound: F

فَراموش [farãmush]
مُفید [mofeed]
کیف [keef]

بنویس

ﻓ

ف

ﻗ ق

اسم: قاف	Name: Ghãf
صدا: ق	Sound: Gh

قوری [ghuri]
وَقت [vaght]
بَرق [bargh]

بنویس

ﻗ

ق

ک ک

اسم: کاف	Name: Kãf
صدا: ک	Sound: K

کِتاب [ketãb]
مَکان [makãn]
نَمَک [namak]

بنویس

کـ

ک

گ گ

اسم: گاف	Name: Gãf
صدا: گ	Sound: G

گِرد [gerd]
اَنگور [angur]
بُزُرگ [bozorg]

بنویس

گـ

گ

Writing Guideline / راهنمای نوشتن

At the beginning of a word
The short form is used and connects to the following letter.

اگر در اوّل کلمه باشد
شکل اوّل حرف استفاده می‌شود و به حرف بعدی می‌چسبد.

[zarar] ضَرَر	[sabr] صَبر	[sharbat] شَربَت	[sãz] ساز
[gerdu] گِردو	[kãrd] کارد	[gharãr] قَرار	[fardã] فَردا

In the middle of a word
The short form is used, which may connect to the preceding letter, but always connects to the following letter.

اگر در وسط کلمه باشد
شکل اوّل استفاده می‌شود و ممکن است به حرف قبلی بچسبد، اما همیشه به حرف بعدی می‌چسبد.

[ashk] اَشک	[posht] پُشت	[rãst] راست	[bastani] بَستَنی
[rãzee] راضی	[ba'zee] بَعضی	[asl] اَصل	[fasl] فَصل
[deghat] دِقَّت	[saghf] سَقف	[rafeegh] رَفیق	[sefeed] سِفید
[agar] اَگَر	[rangee] رنگی	[serkeh] سِرکه	[sekkeh] سِکّه

اگر در آخر کلمه باشد
شکل دوّم استفاده می‌شود و ممکن است به حرف قبلی بچسبد.

At the end of a word
The long form is used and may connect to the preceding letter.

خیس [khees]	آدرِس [ãdres]	بَنَفش [banafsh]	تُرش [torsh]
رَقص [raghs]	قُرص [ghors]	مَریض [mareez]	قَرض [gharz]
کیف [keef]	صاف [sãf]	مَشق [mashgh]	بَرق [bargh]
خُشک [khoshk]	کودَک [kudak]	سَگ [sag]	بَرگ [barg]

تمرین اوّل

شِکلِ دُرُستِ حُروف را اِنتِخاب و جاهای خالی را پُرکن تا کلمه‌های معنی‌دار بسازی.

Use the correct form of the following letters to fill the blanks with meaningful words.

ک	و	ز	ر	ب	ا	گ	ق	ی	س	ت	ف

بیشتَـ.....	فَرد.....	اَنگُشـ.....
خا.....	.....یدار	قف.....
تمیـ.....	آ.....از	قاشُـ.....
صورَتـ.....	ضا.....	رَنـ.....

تمرینِ دوّم

با تَرکیبِ حُروف دَر هَر گُروه کَلَمه‌یِ مَعنی‌دار بِساز و تَلَفّظِ آن را بِنِویس.

Make a meaningful word with each group of letters and vowels and write the pronunciation.

Pronunciation	Word	
Sard	سَرد	سَ + ر + د =
		دَ + ر + س =
		س + و + خ + ت =
		شِ + ک + ا + یَ + ت =
		صُ + بـ + ح =
		قُ + ر + ص =
		ضَ + رَ + ر =
		فَ + ض + ا =
		فَ + ر + د + ا =
		سَ + فَـ + ر =
		ق + ا + صِ + دَ + ک =
		ش + ا + گِ + ر + د =
		بَ + ر + گ =

تمرین سوّم

اِسمِ هَر تَصویر را بِنِویس.

Write the name of each picture.

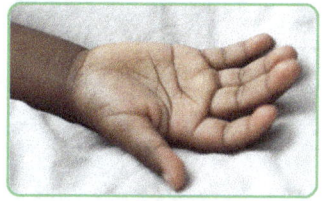

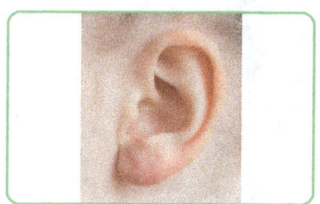

تمرین چهارم

دورِ حُروفِ «س ش ص ض ف ق گ» را خَط بِکِش.

Circle the letters «س ش ص ض ف ق گ».

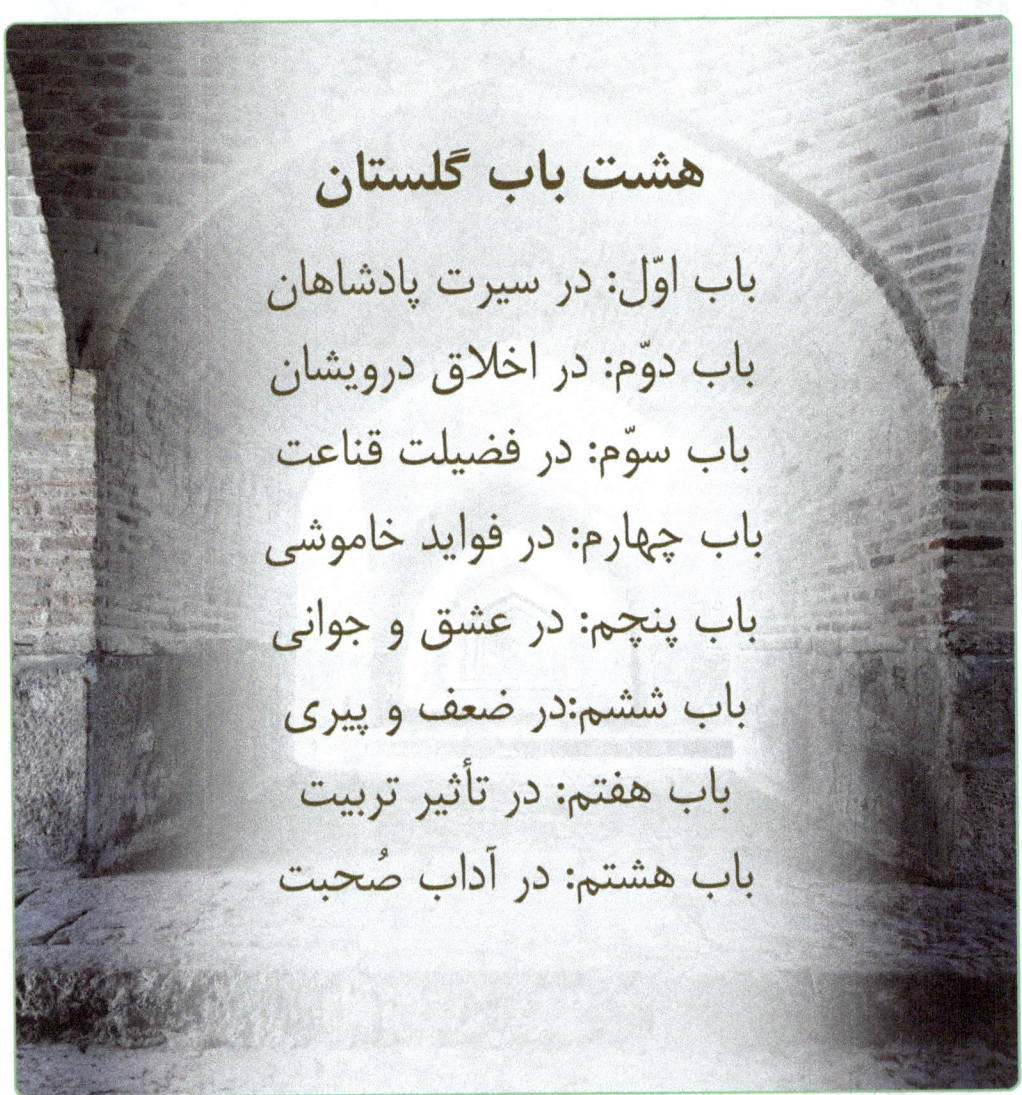

هشت باب گلستان
باب اوّل: در سیرت پادشاهان
باب دوّم: در اخلاق درویشان
باب سوّم: در فضیلت قناعت
باب چهارم: در فواید خاموشی
باب پنجم: در عشق و جوانی
باب ششم:در ضعف و پیری
باب هفتم: در تأثیر تربیت
باب هشتم: در آداب صُحبت

طاق‌های زیر سی و سه پل، اصفهان

تمرین پنجم

گَلَمه‌ها را مرتّب کُن و جُمله‌ی مَعنی‌دار بِساز.

Put the words in order to write meaningful sentences.

دارَد / مَریض / دَرد .... مَریض دَرد دارَد.

اَست / سَبز / بَرگ ....

کار / پِدَر / دارَد ....

سِفید / شِکَر / اَست ....

اَست / پَرَنده / زیبا ....

تاریک / اَست / شَب ....

اُتاق / شُد / سَرد ....

آبی / اَست / دَریا ....

درس هفتم

حروف دو شکلی: گروه چهارم
TWO-FORM LETTERS: FOURTH GROUP

ن ـن	م ـم	ل ـل

ـل ل

Name: Lãm	اسم: لام
Sound: L	صدا: ل

لیوان [leevãn]
بُلَند [boland]
گُل [gol]

بنویس

ـل

ل

ـم م

Name: Meem	اسم: میم
Sound: M	صدا: م

مِسواک [mesvãk]
سَرما [sarmã]
گَرم [garm]

بنویس

ـم

م

ـن ن

اسم: نون	Name: Nun
صدا: ن	Sound: N

نَمَک [namak]
سَنگ [sang]
گِران [gerãn]

بنویس

ـنـ

ن

راهنمای نوشتن / Writing Guideline

اگر در اوّل کلمه باشد
شکل اوّل حرف استفاده می‌شود و به حرف بعدی می‌چسبد.

At the beginning of a word
The short form is used and connects to the following letter.

لَب [lab]	میز [meez]	نیما [neemã]

اگر در وسط کلمه باشد
شکل اوّل استفاده می‌شود و ممکن است به حرف قبلی بچسبد، اما همیشه به حرف بعدی می‌چسبد.

In the middle of a word
The short form is used, which may connect to the preceding letter, but always connects to the following letter.

پِلّه [pelleh]	خالی [khãlee]	کَمَر [kamar]
سَرما [sarmã]	کِنار [kenãr]	اَنار [anãr]

At the end of a word

The long form is used and may connect to the preceding letter.

اگر در آخر کلمه باشد

شکل دوّم استفاده می‌شود و ممکن است به حرف قبلی بچسبد.

[seem] سیم	[sāl] سال	[shekl] شِکل
[bārān] باران	[nākhon] ناخُن	[shām] شام

تمرین اوّل

Fill the blanks with the correct words.

جاهای خالی را با کلمه‌های مُناسِب پُر کُن.

جُنوبِ	تاریخیِ	آسیا	کویری	شُمال	اُستان

کِشوَرِ ایران دَر قارّه‌ی ...... آسیا ...... قَرار دارَد.

ایران سی و یِک ...... دارَد.

دَر ...... آن دریای خَزَر و دَر ...... آن خَلیجِ فارس اَست.

بَخشِ مَرکَزیِ ایران بیشتَر ...... اَست.

ایران آثارِ ...... زیادی دارَد.

تمرین دوّم

با تَرکیبِ حُروفِ زیر کَلَمه بِساز و سِپَس با تَرکیبِ کَلَمه‌ها جُمله‌ی مَعنی‌دار بِساز.

For each group, connect the letters to make a word, then write a sentence with them.

مَ + ن =	سَ + فَ + ر =
ب + ا =	ف + ا + م + ی + ل =
رَ + ف + تَ + م =	

جمله:

ای + ر + ا + ن =	کِ + ش + وَ + رِ =
اَ + س + ت =	بُ + زُ + ر + گ + ی =

جمله:

ن + ا + ن =	پَ + ن + ی + ر =
م + ا =	خُ + و + ر + د + ی + م =
ب + ا =	سَ + ن + گَ + ک =

جمله:

ای + ر + ا + ن =	جَ + ن + گَ + ل =
د + ا + رَ + د =	شُ + م + ا + لِ =

جمله:

تمرین سوّم

تَلَفُّظِ هَر کَلَمه را به اِنگِلیسی بِنِویس و سِپَس کَلَمه‌های مُخالِف را به هم وَصل کُن.

Write the pronunciation of each word in English and then connect the words that have opposite meanings.

کوتاه	پایین
زِشت	کَثیف
سَرد	نَزدیک
بالا	بُلَند
تَمیز	زیبا
بُزُرگ	روشَن
دور	سَخت
آسان	گَرم
تاریک	کوچَک

تمرین چهارم

دورِ کَلَمه‌هایی را که دَر آنها «ل م ن» اِستِفاده شُده خَط بِکِش.

Circle the words which have ل، م، ن.

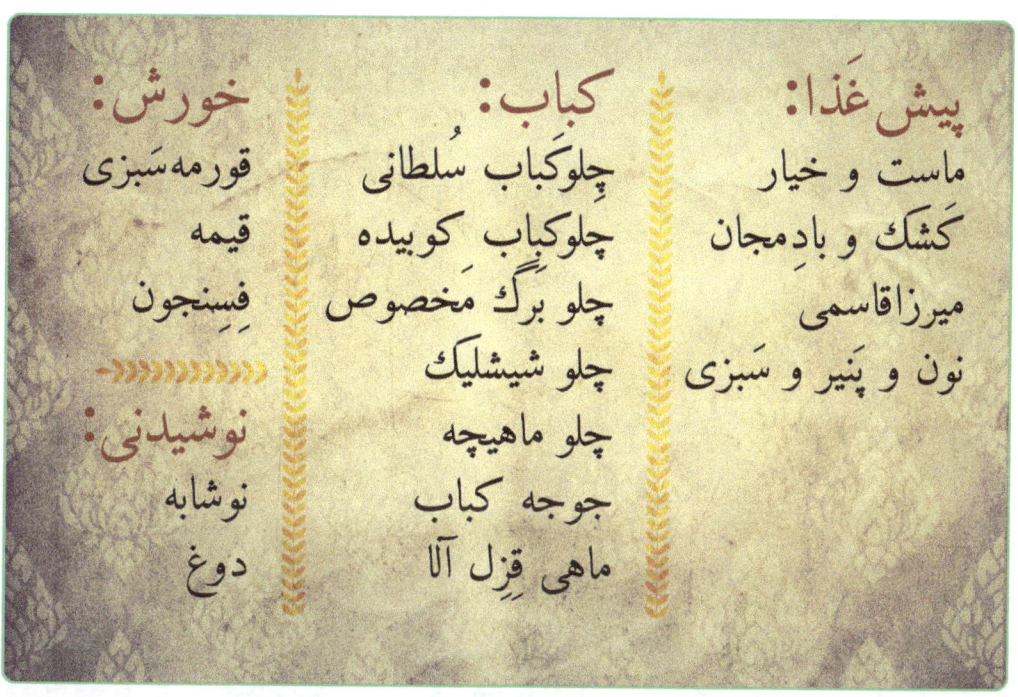

پیش غَذا:

ماست و خیار

کَشک و بادِمجان

میرزاقاسمی

نون و پَنیر و سَبزی

کباب:

چِلوکَباب سُلطانی

چلوکَباب کوبیده

چلو برگ مَخصوص

چلو شیشلیک

چلو ماهیچه

جوجه کباب

ماهی قِزِل آلا

خورش:

قورمه‌سَبزی

قیمه

فِسِنجون

نوشیدنی:

نوشابه

دوغ

کُدام غَذا را بیشتَر دوست داری؟

درس هشتم

حروف تک شکلی: گروه دوم
SINGLE-FORM LETTERS: SECOND GROUP

ط	ظ

ط

اسم: طا	Name: Tã
صدا: ط	Sound: T

طَرَف [taraf]
عَطر [atr]
اِرتِباط [ertebãt]

بنویس

ط

ظ

اسم: ظا	Name: Zã
صدا: ظ	Sound: Z

ظَرف [zarf]
مُنَظَّم [monazzam]
خُداحافِظ [khodã hãfez]

بنویس

ظ

Writing Guideline / راهنمای نوشتن

At the beginning of a word
Connects to the following letter.

اگر در اوّل کلمه باشد
به حرف بعدی می‌چسبد.

طَرز [tarz]	ظُهر [zohr]

In the middle of a word
Always connects to the following letter but may connect to the preceding letter.

اگر در وسط کلمه باشد
همیشه به حرف بعدی می‌چسبد، اما ممکن است به حرف قبلی بچسبد .

لَطیف [lateef]	طوطی [tutee]	نَظَر [nazar]	مُواظِب [movãzeb]

At the end of a word
May connect to the preceding letter.

اگر در آخر کلمه باشد
ممکن است به حرف قبلی بچسبد.

قِسط [ghest]	بَساط [basãt]	تَلَفُّظ [talaffoz]	حِفاظ [hefãz]

تمرین اوّل

جاهای خالی را با حُروفِ مُناسِب پُر کُن.

Fill the blanks with the correct letters.

ض	ظ	ذ	ز

ـُـرَت	مَریـ	ا لِم
تَمیـ	بُـزرگ	میـ
تَنـ ـیم	اِ افی	آ َ ر

ت	ط

و ی	اب	مُـ ِ وَسِ
پَـ و	قَـ ار	َ وَلُّد
و	وسی	بُـ ری

تمرین دوّم

برای هَر کَلَمه، فُرمِ دُرُستِ حَرف را اِنتِخاب کُن و کَلَمه را کامل کُن.

Select the correct form of each letter and complete the words.

ا/آ	طَلـ	ا/آ	فَرد
ت/تـ	شَصـ	فـ/ف	ارسی
مـ/م	ناظِ	ط/ت	اِرتِبا
ت/ط	نَبا	گـ/گ	زِندِ ی
س/سـ	مَلو	ط/ت	اقَت
نـ/ن	تَـ ا ب	خـ/خ	ط

تمرین سوّم

با ترکیب حروف کلمه‌ها را بِنِویس
و هَرکُدام را دَر گُروهِ خود قَرار بِده.

Combine the letters to make the word
and sort in the relevant category.

آ + ش ←	رَ + ش + ت ←
قِ + ر + مِ + ز ←	کَ + ب + ا + ب ←
گُ + ر + گ + ا + ن ←	ط + و + س + ی ←
کُ + ت + لِ + ت ←	
کِ + ر + م + ا + ن ←	
ص + و + رَ + ت + ی ←	
بَ + نَ + ف + ش ←	
تَ + ب + ر + ی + ز ←	
آ + ب + گ + و + ش + ت ←	
ل + ا + ج + و + ر + د + ی ←	
بَ + ن + دَ + ر + عَ + ب + ا + س ←	

رَنگ‌ها Colors	شَهرها Cities	غَذاها Foods

تمرینِ چهارم

بَرای هَر تَصویر دو کَلَمه اِنتِخاب کُن و مانَندِ مِثال بِنِویس.

Choose a set of a noun and an adjective for each picture.

بُطری	قَطار	شیرین	سَبز
رَنگین	آبی	طالِبی	طوطی
طَناب	قَدیمی	خالی	کَلَم

قَطارِ قَدیمی

درس نهم

حروف چند شکلی / MULTI-FORM LETTERS

عـ ـعـ ـع ع	غـ ـغـ ـغ غ	هـ ـهـ ـه ه	یـ ی ی

عـ ـعـ ـع ع

اسم: عِین	Name: Eyn
صدا: اِ	Sound: a glottal stop

- عَروس [a'rus]
- جَعبه [ja'beh]
- شَمع [sham']
- شُروع [shoru']

بنویس

عـ

ـعـ

ـع

ع

غَذا [ghazā]

مَغز [maghz]

تیغ [teegh]

باغ [bāgh]

Name: Gheyn	اسم: غِین
Sound: Gh	صدا: غ

غـ ـغـ ـغ غ

بنویس

غـ

ـغـ

ـغ

غ

هَوا [havā]

شَهر [shahr]

نُه [noh]

ماه [māh]

Name: Heh	اسم: هِه
Sound: H	صدا: هـ

هـ ـهـ ـه ه

بنویس

هـ

ـهـ

ـه

ه

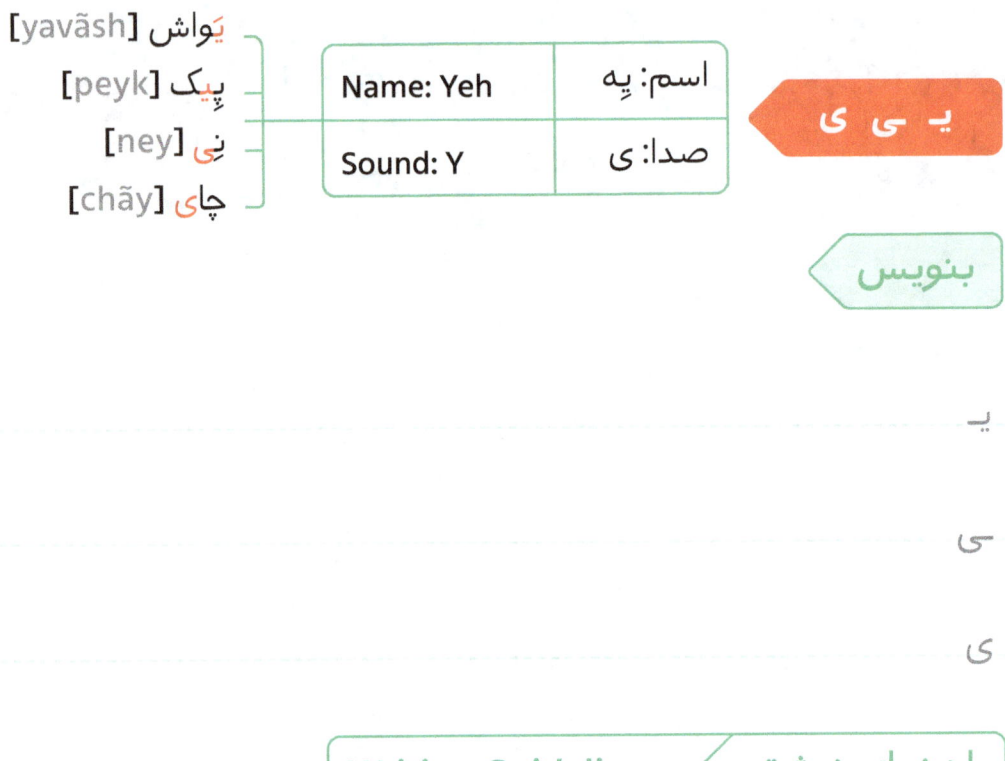

ـیـ ی ی

اسم: یِه	Name: Yeh
صدا: ی	Sound: Y

یَواش [yavãsh]
پیک [peyk]
نِی [ney]
چای [chãy]

بنویس

یـ

ی

ی

راهنمای نوشتن / Writing Guideline

اگر در اوّل کلمه باشد
شکل اوّل حرف استفاده می‌شود و به حرف بعدی می‌چسبد.

At the beginning of a word
The short form is used and connects to the following letter.

عَصر [asr]	غُرور [ghorur]	هُلو [holu]	یاد [yãd]

اگر در وسط کلمه باشد

بسته به حرف قبلی، شکل اوّل یا شکل وسط (که به حرف قبل و بعد می‌چسبد) استفاده می‌شود.

In the middle of a word

Depending on the preceding letter, either the short form or the middle form (which connect to the preceding and following letter) is used.

[kãgaz] کاغذ	[loghat] لُغَت	[va'deh] وَعده	[me'deh] مِعده
[pãydãr] پایدار	[beedãr] بیدار	[kãhu] کاهو	[bahãr] بَهار

اگر در آخر کلمه باشد

بسته به حرف قبلی، شکل دوّم چسبان یا غیر چسبان استفاده می‌شود.

At the end of a word

Depending on the preceding letter, either the connecting or the non-connecting long form is used.

[dãgh] داغ	[teegh] تیغ	[tolu'] طُلوع	[saree'] سَریع
[chãy] چای	[leyley] لِی لِی	[shãh] شاه	[meh] مِه

وقتی قبل از ـه و ه حرفِ بی‌صدا باشد آنها صدای ـِـ را نمایندگی می‌کنند و صدای ح ندارند.

When ـه and ه follow a consonant, they sound like E and not H.

[khãnehdãr] خانه‌دار	[kãveh] کاوه	[hameh] هَمه

تمرین اوّل

شِکلِ دُرُستِ حَرف را اِنتِخاب کُن و کَلَمه را کامل کن.

Choose the correct form of each letter and complete the word.

عـ	ـعـ	ـع	ع

اقِل	جَمـ	مَـ دَن	َ وَض
ِ روسی	موقِـ	اوضا	تَـ ادُل

غـ	ـغـ	ـغ	غ

زالِه	ول	دَما	بَـ َ ل
اِیب	قوربا ـه	جیـ	گلا

هـ	ـهـ	ه	ـه

مِـ رَبان	هاید	شا ِ د	مَحبوبـ
کو	ما رُخ	امون	تِـ ران

یـ	ـیـ	ی	ـی

دِ	ِ کـ	پِـ دا	ازدَه
کِـ	کـ ان	ورِش	جا ـزه

تمرین دوّم

«ه» و «ـه» دَر کَلَمه‌های زیر چه صِدایی دارَند؟ «ـِ» یا «ح»

What is the sound of ه or ـه in following words, E or H?

کوتاه .... ح	خَرابه	شیره ....
پَنبه	ساده	راه ....
بچّه	روباه	کُلاه ....
سیاه	پاره	قابلَمه ....

تمرین سوّم

دورِ حروفِ «ط ظ» و هر کدام از شکل‌های «ع غ ه ی» خط بکش.

Circle the letters ظ ط or any forms of ع غ ه ی.

مشخصات خود را مطابق با شناسنامه ایرانی خود در جدول زیر به فارسی و لاتین بنویسید:							
نام:	نام خانوادگی:	نام پدر:					
FATHER'S NAME:	FIRST NAME:						
LAST NAME:							
شماره شناسنامه:	محل تولد:	تاریخ تولد:روز /ماه / ۱۳					
محل صدورشناسنامه:	شماره حوزه صدور شناسنامه:	شماره ملی: - -					
وضعیت تأهل	مجرد	متأهل	مطلقه	بیوه	غیره:	نام و نام خانوادگی همسر:	
نام پدر همسر:	شماره شناسنامه همسر:	کشورمحل تولد همسر:					
لطفاً نام و نام خانوادگی همسر خود را به انگلیسی بنویسید:	FIRST NAME:						
	LAST NAME:						
مرزآخرین خروج ازایران	امام خمینی	مهرآباد	غیره(لطفاً توضیح دهید)	تاریخ آخرین خروج از ایران: / / ۱۳			
نوع ویزا:	دانشجوئی	توریستی	کارت سبز	تابعیت خارجی(تکمیل و ارسال فرم ۹۸۹ الزامی است)	غیره(لطفاً توضیح دهید)		
آیا دارای گذرنامه ای غیر از گذرنامه ایرانی هستید؟	بله	خیر	ازچه کشور یا کشورهائي؟				
کارت سبز خود را از چه طریقی دریافت نموده اید؟	وضعیت نظام وظیفه:	مشمول	معاف	پایان خدمت			
آخرین مدرک تحصیلی:	زیر دیپلم	دیپلم	فوق دیپلم	لیسانس	فوق لیسانس	دکترا	فوق دکترا	غیره
نام دانشگاه:	رشته تحصیلی:	تاریخ اخذ مدرک:					
شغل فعلی:	نام کارفرما:	شغل قبلی:					

تمرین چهارم

چَند جُمله دربارهٔ‌ی خودَت، خانواده‌ات، یا یِک موضوعِ موردِ عَلاقه‌اَت بِنِویس.

Write a few sentences about yourself, your family, or any topic that you like.

تمرین پنجم

با کَلَمه‌های زیر جُمله بِساز.

Make a sentence with each word.

عَکس:
مَعنی:
غَذا:
مَغرور:
باغ:
هِندِوانه:
زعفران:
ماهی:

درس دهم

نشانه‌های فارسی و اعداد / PERSIAN SIGNS AND NUMBERS

تَشدید ــّــ	تَنوین ــً	همزه ء

تَشدید ــّــ

وقتی یک حرفِ بی‌صدا دو بار پشتِ سرِ هم در کلمه تکرار شود، یکی از آن‌ها حذف و به جای آن علامت تشدید بالای حرف گذاشته می‌شود. موقع خواندن، روی حرفی که تشدید دارد تأکید بیشتری می‌شود. در فارسیِ امروزی علامت تشدید کمتر نوشته می‌شود.

When identical consonants appear back-to-back in a word, one is removed and Tashdid is placed on top of the other one. Tashdid signals the need for emphasis on that consonant when reading. Tashdid is used less frequently in the current Persian writing.

بچّه [bachcheh]	شِدَّت [sheddat]	عِلَّت [ellat]	تَوَلُّد [tavallod]

تنوین ــً

تنوین همیشه روی «الف» قرار می‌گیرد و «ـَ ن» تلفّظ می‌شود. کلمه‌های تنوین‌دار عربی که در فارسی استفاده می‌شوند قید هستند.

Tanvin is a sign that is placed on top of alef and pronounced "an". The words that include Tanvin are usually adverbs with Arabic roots.

مَعمولاً [ma'mulan]	اِحتِمالاً [ehtemãlan]	حَتماً [hatman]	کُلّاً [kollan]

همزه ء

همزه از زبان عربی به فارسی وارد شده و مانند «ع» تلفّظ می‌شود. در آخر کلمه به تنهایی نوشته می‌شود، در وسط کلمه به شکل "ئه" ، و یا بر روی «ی»،«و»، یا «الف» در قسمت‌های مختلف کلمه قرار می‌گیرد.

A sign from Arabic language, Hamzeh can appear as a stand-alone character in the middle or end of a word. It appears on top of واو , ی, and الف with the same glottal stop pronunciation as ع.

اِستِثناء [estesna']	جُزء [joz']	مَسئول [mas'ul]	نامَرئی [nãmar'ee]
شِیء [shei'e]	مؤَدَّب [mo'addab]	تَألیف [ta'leef]	

حرف «واو» که خوانده نمی شود

در بعضی کلمه‌ها «خوا» نوشته می‌شود، اما «خا» خوانده می‌شود.

An exception in Persian when و in خوا is written but not read.

خواهَر [khãhar]	خواندَن [khãndan]

حرف «ی» که صدای « آ » دارد

در بعضی کلمه‌ها حرف «ی» در آخر کلمه صدای «آ» دارد.

An Exception in Persian when a ی at the end of a word is read as آ.

حَتّی [hattã]	موسی [musã]

تمرین اوّل

بَرای هَر کَلَمه هَمزه بِگذار.

Write Hamze in the correct form for each word.

مُستأجِر	پَنگو ن	کاکا و	تـ اتر
مَسـ ول	سو د	اَجزا	سُـ ال
اِمضا		اِنشا	

تمرین دوّم

بَرای هَر کَلَمه تَنوین یا تَشدید بِگذار.

Place Tanvin or Tashdid where it applies.

قَبلا	بچه	فورا	قُله
فِعلا	بَنا	پِله	بَعدا

تمرین سوّم

تَلَفُّظِ کَلَمه‌های زیر را مانَندِ مِثال بِنِویس.

Write the pronunciation of the words like the example.

خواهَر	**Khãhar**

مُرتِضی	عیسی	خواستَن
خواهِش	حَتّی	خواب

تمرین چهارم

جَدول را کامِل کُن.

Complete the Alphabet table.

کلمه‌های نمونه Sample Words	صدا Sound	اسم Name	شکل هایش Forms	حرف Letter
				الف
			بـ ب	ب
				پ
				ت
				ث
		جیم		ج
				چ
				ح
				خ
				د
				ذ
				ر
				ز
				ژ
				س
				ش

کلمه‌های نمونه Sample Words	صدا Sound	اسم Name	شکل هایش Forms	حرف Letter
				ص
				ض
				ط
				ظ
عابر- معنی - دفاع				ع
				غ
				ف
				ق
				ک
				گ
				ل
	M			م
				ن
				و
				ه
				ی

جدول اعداد

1	Yek	یِک	۱
2	Doe	دو	۲
3	Seh	سه	۳
4	Chãhãr	چهار	۴
5	Panj	پَنج	۵
6	Shesh	شِش	۶
7	Haft	هَفت	۷
8	Hasht	هَشت	۸
9	Noh	نُه	۹
10	Dah	دَه	۱۰
20	Beest	بیست	۲۰
30	See	سی	۳۰
40	Chehel	چِهِل	۴۰
50	Panjãh	پَنجاه	۵۰
60	Shast	شَصت	۶۰
70	Haftãd	هَفتاد	۷۰
80	Hashtãd	هَشتاد	۸۰
90	Navad	نَوَد	۹۰
100	Sad	صَد	۱۰۰

کاوه دَر اَوَّلین سَفَرِ خود به ایران به یِک مِهمانی دَعوَت شُد.

- کاوه: سَلام. خوبید؟ مَن کاوه‌اَم.
- مِهمان: سَلام. مَمنون. مَن اَمیرَم. شُما چِطورید؟
- کاوه: خوبَم. مَمنون.
- اَمیر: اوّلین باره که شُما رو اینجا می‌بینَم.
- کاوه: بَله. مَن ایران نَبودم.
- اَمیر: پَس خوش اومَدید! اُمیدوارَم اینجا خوش بِگذَره.
- کاوه: مِرسی. مَن اینجا کَسی رو نِمی‌شناسَم و خوشحال می‌شَم بیشتر باهاتون آشنا بِشَم.
- اَمیر: حَتماً! بیاین با هم بِریم که شُما رو به دوستام مُعَرِّفی کُنَم.

تمرین اوّل

مُکالِمه‌ی زیر را کامِل کُن.

- سَلام. چطورین؟ مَن ....

- ....

- اَز آشنایی‌تون ....

- مَنَم ....

- شُما دانِشجو هَستین؟

.... شُما چِطور؟

- مَن دَرسَم تَموم شُده و کار می‌کُنَم.

تمرین دوّم

جمله‌های مُکالِمه‌ی زیر جابه‌جا شُده است. آنها را به تَرتیب، از یِک تا پَنج، شُماره‌گذاری کن.

.... سَلام. مَن سارام.

.... مَنَم هَمین‌طور. تو ایران زِندِگی می‌کُنی؟

.... بَله. با خانواده‌ام ایران زِندگی می کنم. تو چِطور؟

.... سَلام. سارا جان. مَن بیتام. اَز آشنایی‌ت خوشحالَم.

.... مَن با خواهَرم بَرای سَفَر اومدم. آمریکا زِندِگی می‌کُنیم.

تمرین سوّم

با هر گُروه از کلمه‌های زیر جمله بساز.

خوش‌وَقتَم / اَز / آشنایی‌تون

بِرِسون / به / سَلام / خانِواده

سارا / ست / مَن / اِسمِ

باشی / شَبِ / داشته / خوبی

چطورین؟ / خوبَم / شُما / مَن

تمرین چهارم

دورِ کلمه‌هایی که بَرای سَلام و اَحوالپُرسی اِستفاده می‌شَوند خَط بِکِش.

سَلام	شُغل	خوبم	خانه
غَذا	چِطورید؟	مِهمان	مَمنون

آیدا و سامان هَم‌کِلاسی‌اَند و دَربارەیِ خانِواده‌شان باهَم حَرف می‌زَنَند.

- آیدا: مَن دو تا بَرادَر دارم: آرَش و آرتین. هَر دو از مَن بُزُرگ‌تَرَن.

- سامان: مَن یه خواهَر و یه بَرادَر دارَم. بَرادَرم اِزدِواج کَرده و یه دُختَر داره.

- آیدا: پَس عَمویی!

- سامان: آره! بَرادَرهای تو اِزدِواج نَکَردَن؟

- آیدا: چِرا! آرَش اِزدِواج کَرده و دو تا پِسر داره.

- سامان: پَس تو هم عَمّه‌ای.

- آیدا: بَله.

فامیل

به خواهرِ مادرِمان می‌گوییم:	خاله	به خواهرِ پدرِمان می‌گوییم:	عَمِّه
به بَرادَرِ مادَرِمان می‌گوییم:	دایی	به بَرادَرِ پِدَرِمان می‌گوییم:	عَمو

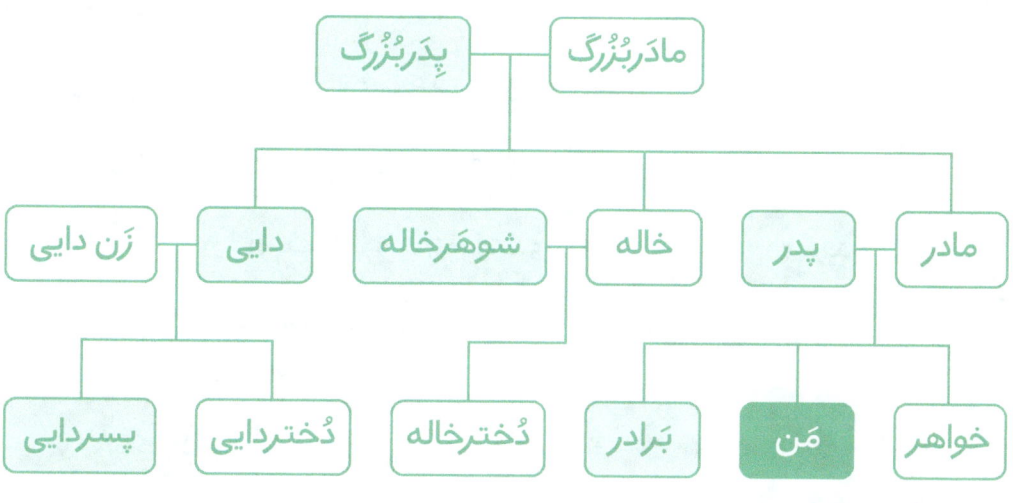

تمرین اوّل

با هر گُروه از کلمه‌های زیرِ جُمله بساز.

مادر و پدرِ آیدا چند بچّه دارند؟ اِسم کوچک‌ترینشان چیست؟

سامان چَند خواهَر و بَرادَر دارَد؟

آرتین چه نِسبَتی با پِسَرِ آرش دارَد؟

تمرین دوّم

با تَوَجُّه به مُکالِمه‌ی زیر جاهای خالی را پر کن.

سارا بُزُرگ‌تَرین بچّه‌ی آقا و خانُم اَسَدی است. بَرادَرَش سیامَک دانِشجو است و بَرادَرِ دیگَرَش سُهراب کِلاسِ دوّم دَبیرِستان است. آنها با پِدَر و مادَرِشان زِندِگی می‌کُنَند.

آقا و خانُم اَسَدی .... بچّه دارَند.

اِسم‌هایِشان به تَرتیب اَز کوچَک به بُزُرگ .... و ....

و .... اَست. آقا و خانم اَسَدی با .... زندگی می‌کنند.

.... دانشجو اَست.

تمرین سوّم

دِرَختِ فامیلیِ خودَت را بِکِش و اِسمِ اَفرادِ خانِواده را بنویس.

تمرین چهارم

درباره‌ی خانواده‌ی زیر چند خط بنویس:

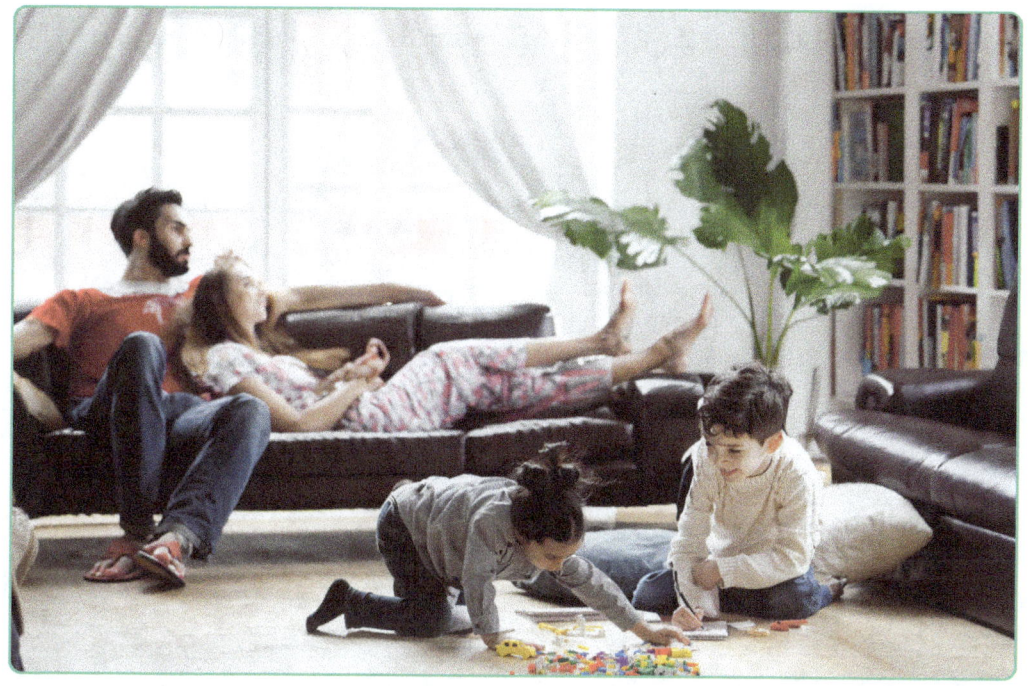

تمرین پنجم

با تَوَجُّه به شِکلِ زیر به سُؤال‌ها جَواب بِده.

ثُرَیا و اَمیر با هَم اِزدِواج کَرده‌اَند. اِسمِ بچّه‌های‌شان سَمیرا، ساناز، و سینا اَست.

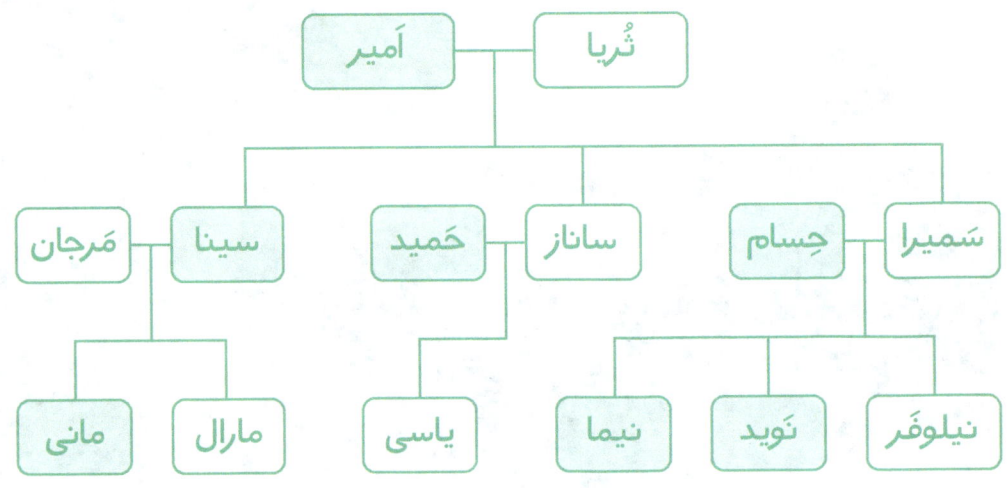

سَمیرا چه نِسبَتی با یاسی دارد؟

نیلوفر چه نِسبَتی با یاسی دارد؟

سینا چه نِسبَتی با نَوید دارد؟

مانی چه نِسبَتی با نَوید دارد؟

ساناز چه نِسبَتی با مارال دارد؟

ثُریا چه نِسبَتی با نیما دارد؟

درس سیزدهم | خانه | HOME

صَبا وَقتی کوچَک بود با پِدر، مادَر، و دو خواهَرش بَرای زِندِگی اَز ایران به آمریکا مُهاجِرَت کَرد. آنها تا چَند سال دَر خانه‌ی پِدَربُزُرگ و مادَربُزُرگشان ماندَند. خواهَرِ بُزُرگ‌تَرش، آوا، اِزدِواج کَرد و اَلان در ایالَتِ تِگزاس با شوهَرش زندگی می‌کند. صَبا و خواهَرِ کوچِک‌تَرَش، رَها، دَر آپارتِمانی در شیکاگو زندگی می‌کنند. صَبا گُلدان‌های زیادی در خانه دارَد. رَها هَم کِتابخانه‌ی بُزُرگی دراُتاقِ نِشیمَن دارد. خانه‌ی آنها سه اُتاق خواب دارد. پَنجره‌ی اُتاقِ صَبا به سَمتِ دریاچه باز می‌شَوَد. صَبا هر روز غُروبِ آفتاب را از پَنجِره تَماشا می‌کُند.

تمرین اوّل

شُما با کی زندگی می‌کُنین؟

چه چیزایی را تو خونه‌تون بیشتَر دوست داری؟

اسمِ مَحَلِّه‌ی زندگیتون چیه؟

خونه‌ی شُما چَند اُتاق داره؟

دیوارای اُتاقِت چه رَنگیه؟

خونه‌تون حَیاط داره؟

تمرین دوّم

نامِ پَنج وَسیله در اُتاقَت را بنویس.

نامِ پَنج وَسیله در آشپَزخانه‌تان را بنویس.

نامِ پَنج وَسیله‌ی تَزئینی در خانه‌تان را بنویس.

تمرین سوّم

دربارهٔ خانه‌ی خود پَنج جُمله بنویس.

تمرین چهارم

با هر گُروه از کلمه‌های زیرِ یک جمله بِساز:

خونه / روشَن

کِتابخونه / اُتاق

فرش / نشیمن

آشپَزخونه / غَذا

*

آرزو و شَهرزاد در کلاسِ موسیقی با هَم آشنا شُده‌اَند.

- آرزو: تو چه سازی می‌زنی؟

- شَهرزاد: سه‌تار و کَمانچه. تو چطور؟

- آرزو: مَن دو ساله که سَنتور می‌زَنم. اَلان چون کِلاسِ زَبانِ فارسی هَم می‌رَم کَمتَر وَقتِ ساز زَدَن دارَم.

- شَهرزاد: مَنَم هَمین‌طور. این روزا تَمرینای شِنا و کلاسِ نقاشی و آواز هم وَقتِ زیادی اَزَم می‌گیره.

- آرزو: چه خوب که این هَمه فَعّالیَت‌های مُختَلِف داری.

- شَهرزاد: آره! دوست دارَم چیزای مُختَلِف رو یاد بِگیرَم و تَجرُبه کُنَم.

تمرین اوّل

به سُؤال‌های زیرِ جَواب بِده.

چه وَرزِش‌هایی رو بلَدی یا دوست داری یاد بِگیری؟

چه کارهای هُنَری‌ای می‌کُنی؟ چی دوست داری یاد بگیری؟

چه کِتابایی دوست داری بِخونی؟ آخَرین کِتابی که خوندی چی بود؟

تمرین دوّم

اِسمِ هَر ساز را زیرِ تَصویرَش بِنِویس. کُدام را بیشتر دوست داری؟

*

**

**

**

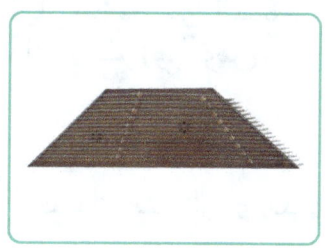

تمرین سوّم

وَقتی از مَدرِسه، دانِشگاه، یا سَرکار به خانه بَرمی‌گَردی، مَعمولاً چه کارهایی می‌کنی؟ در چَند جُمله بِنویس.

تمرین چهارم

چه فَعّالیَت‌هایی را بَرای اَشخاصِ زیرِ پیشنَهاد می‌کُنی؟

کیارَنگ: هَمه‌یِ آلبوم‌های آواز و موسیقیِ مُحمَدرِضا شَجَریان را دارَد و هَر روز گوش می‌دَهد.

آناهیتا: تابِستان و زندگی در شهرهای ساحِلی را خیلی دوست دارد.

آرمین: عاشِقِ سُرعَت و هَیجان اَست. زِمستان فَصلِ موردِعَلاقه‌یِ اوست.

نِگین: همیشه با گوشی موبایلش فیلم می‌گیرد و بَرای فیلم‌ها داستان می‌سازد.

درس پانزدهم — خرید — SHOPPING

پَرهام و دوستَش بَرای مِهمانیِ آخرِ هَفته باید خَرید کُنند. آنها به یک فُروشگاهِ بُزُرگ می‌روند و چَند تِکه مُرغ، یک بَسته قارچ، کَمی سبزیجات بَرای سالاد، یک شانه تُخم‌مُرغ، چَند پیاز و سیب زمینی، یِک سَطل ماستِ کَم چَرب، و مِقداری میوه می‌خَرَند. دَر آخَر هم به نانوایی می‌رَوند و چَند نان سَنگَکِ تازه می‌خَرَند.

تمرین اوّل

مُکالِمه‌ی زیر را کامِل کُن.

- خَریدار: آقا! اَز این پیراهَن .... ؟

- فُروشَنده: سَبز و خاکِستری و سرمه‌ای.

- خَریدار: از رَنگِ سَبزِش .... ؟

- فُروشَنده: نه مُتِأسِفانه! فَقط سایزِ بُزُرگِش مونده.

- خَریدار: .... ؟

- فروشَنده: قابلِ شُما رو نداره. یک میلیون تومان.

تمرین دوّم

با جا به جا کردن کلمه‌های زیر جُمله بِساز.

شَلوار / اَز / رَنگایی / این / چه / دارین / ؟

چَنده / سیب / کیلویی / این / قِرمِزا / ؟

حَراجِ / شُما / تابِستونی / دارین / ؟

می‌شه / رو / کُنَم / جین / شلوار / اون / اِمتِحان؟

تمرین سوّم

با کلمه‌های زیر جمله‌هایی درباره‌ی خَرید کردن بنویس.

قِیمَت

رَنگ

سه کیلو

حَراج

یک جُفت

تمرین چهارم

برای تَصویرِ زیر چَند جمله بنویس.

سلام! چطوری؟ من جمعه شب ساعت ۷ بچّه‌ها رو برای شام دعوت کردم. شما هم بیاین دور هم باشیم.
سلام! قربونت. خوبم. چه خوب! اتفاقاً جمعه برنامه‌ای نداریم. حتماً میایم. فقط رایان تا ۹ شب مسابقه بسکتبال داره و دیرتر میاد.
اشکال نداره! برای دسر که می‌رسه. من می‌خوام قورمه سبزی با سوپ و سالاد درست کنم. خوبه؟
عالیه! منم از اون دسر شکلاتی ها که اون دفعه خونه‌مون درست کردم میارم. می‌خوای من زودتر بیام برای کمک؟
قربون دستت. عالیه! کاوه اینا زودتر میان کمک.
پس جمعه می‌بینمتون!

تمرین اوّل

به سُؤال‌های زیر جَواب بِده.

چَند وَقت یه بار تو خونه‌تون مِهمونی می‌گیرین؟

_____

مَعمولاً کیا رو دَعوت می‌کنین؟

_____

برای مِهمونی‌هاتون تو خونه غَذا دُرُست می‌کنید یا از رستوران می‌گیرین؟ معمولاً چه غَذاهایی؟

_____

تمرین دوّم

وَقتی مِهمان دارید یا به مِهمانی می‌رَوید وَقتِتان را چِطور با مِهمان‌ها می‌گُذرانید؟ در چند جمله بنویس.

_____

_____

_____

_____

_____

تمرینِ سوّم

دورِ کلمه‌هایی که به مهمانی مَربوطند خَط بِکِش.

غَذا	اَحوال‌پُرسی
کار	خوش‌آمَدگویی
مُطالِعه	تَشَکُّر کردن
تَعارُف	رَقص
مُسافِرت	دَعوَت کَردن
وَرزِش	میزبان

تمرین چهارم

مکالمه‌ی زیر را کامِل کُن.

- میزبان: آرا جان ....?

- آرا: بله! مَمنون. خوردم.

- میزبان: عَلی جان! اَز خوراکِ سبزیجات ....?

- علی: چَشم! خوشمَزه به نَظَر میاد.

- ماکان: می‌شه بَرای مَن ....?

- میزبان: حَتماً! بُشقابِت رو بِده.

- سَمانه: دَستِتون .... واقِعاً خوشمَزه‌ست.

- میزبان: .... نوشِ ....

درس هفدهم | رستوران / RESTAURANT

**

شادی و خواهَرَش در سَفَرِشان به ایران به یِک رِستوران رَفتَند. رِستوران خیلی شُلوغ بود و هَمه‌ی میزها پُر بودند. آنها بَعد اَز چِهِل دَقیقه نِشستند و صورَت غَذای رِستوران را نگاه کردند. شادی از پیش‌خِدمَت خواست که برای پیش‌غَذا میرزا قاسِمی بیاوَرَد. آنها برای غَذای اَصلی خورِش فِسِنجان با سالاد و برای نوشیدَنی دوغ اِنتِخاب کَردَند. دِسِر هم فالوده سِفارِش دادند.

چَند نَوازَنده در رِستوران موسیقیِ سُنَّتیِ ایرانی می‌نَواختَند. به شادی و خواهَرَش خیلی خوش گُذَشت.

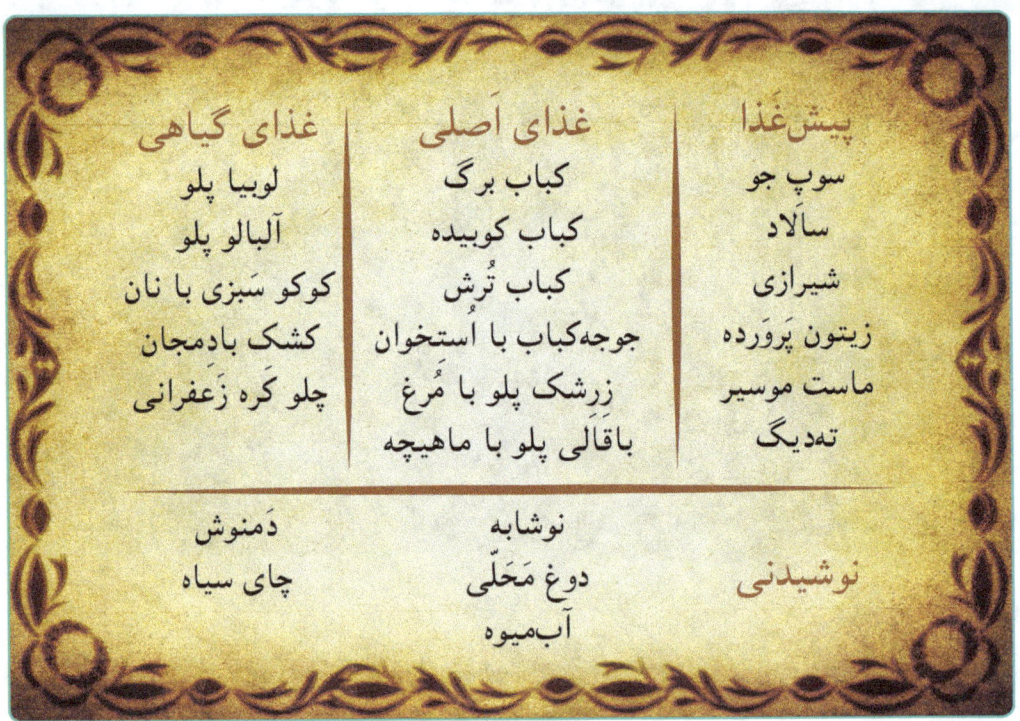

تمرین اوّل

صورَتِ غذای زیر را نِگاه کُن و مُکالِمه‌ی زیر را که بینِ پیش‌خِدمَت و شُماست کامِل کُن.

پیش‌غَذا	غذای اَصلی	غذای گیاهی
سوپ جو	کباب برگ	لوبیا پلو
سالاد	کباب کوبیده	آلبالو پلو
شیرازی	کباب تُرش	کوکو سَبزی با نان
زیتون پَروَرده	جوجه‌کباب با اُستخوان	کشک بادمجان
ماست موسیر	زِرِشک پلو با مُرغ	چلو کَره زَعفَرانی
ته‌دیگ	باقالی پلو با ماهیچه	

نوشیدنی		
	نوشابه	دَمنوش
	دوغ مَحَلّی	چای سیاه
	آب‌میوه	

- سَلام! خوش اومَدین. برای ناهار چی مِیل دارین؟

- حتماً. برای نوشیدَنی چِطور؟

- نوشیدَنیِ مَعروفِ اینجا دوغِ محَلّیه.

- چَشم. چیزِ دیگه‌ای مِیل دارین؟

تمرین دوّم

اگر یک رِستورانِ ایرانی داشتی، کُدام یک اَز گُزینه‌های زیر را برای صورت‌غَذا اِنتِخاب می‌کَردی؟

پیش‌غَذا			
میرزا قاسِمی	کَشک بادِمجان	سالاد شیرازی	دُلمه بَرگ
کوکو سَبزی	کوکو سیب‌زَمینی	نان و پَنیر و سَبزی	آش رِشته

غذاهای اصلی			
چِلوکَباب بَرگ	چِلوکَباب کوبیده	جوجه کَباب	خورِش قِیمه
خورِش فِسِنجان	خورش قورمه‌سَبزی	خورش کَرَفس	آلبالو پُلو
کوفته تَبریزی	زِرِشک‌پلو با مُرغ	قَلیه ماهی	دیزی سنگی

دِسِر		
شیربِرِنج	شُله‌زرد	زولبیا و بامیه
فالوده شیرازی	فِرنی	بَستَنی زَعفِرانی

تمرین سوّم

هَرکلمه را در جایِ مُناسِب قَرار بده.

مِهمان	فالوده	سِفارش	آبمیوه	بَستَنی	قَهوه

هومَن و دوستانَش به یِک کافی شاپ و قَنادیِ مَعروف رفتند. هومَن یک فِنجان .... با یک بُرِش کیکِ هَویج .... داد.

حامِد .... شیرازی و پِگاه .... سُنَّتیِ زَعفِرانی سِفارش داد.

پَریسا و آراد هَم هَرکُدام یِک لیوان .... گِرِفتَند. دو ساعَتی آنجا نِشَستَند و خِیلی بهشان خوش گُذَشت. هومَن به مُناسِبَتِ تَوَلُّدَش همه را .... کَرد.

تمرین چهارم

سُؤال‌های زیر را اَز یِکی اَز هَم کِلاسی‌هایَت بِپُرس.

مَعمولاً چَند وَقت یه‌بار به رِستوران می‌ری؟

....

رِستوران‌های مورد عَلاقه‌ات چی هَستَن؟

....

چه غَذاهایی رو بیشتَر دوست داری؟

....

چه نوشیدنی‌هایی رو بیشتَر سِفارِش می‌دی؟

درس هجدهم | سفر | TRAVEL

پل خاجوی اصفهان

باغ ارم شیراز

میدان آزادی تهران

مزرعه‌ی چای در گیلان

پِدرام و خواهَرَش پَریسا با خانواده‌شان دَرباره‌ی سَفَر به ایران صُحبَت می‌کُنَند.

پِدرام: بابا! چه قَدر ایران می‌مونیم؟ کُجاها می‌ریم؟

بابا: سه هَفته اونجاییم. چَند روز اوّل رو تِهران پیشِ مادَربُزُرگ می‌مونیم. شُما کُجاهای ایران رو دوست دارین بِبینین؟

پَریسا: بابا! مَن شِنیدم جُنوبِ ایران جَزیره‌های خِیلی قَشَنگی داره. دُلفین هم داره! می‌شه بریم اونجا؟

پِدرام: وَلی مَن دوست دارم شَهرای شُمالی رو بِبینَم. جَنگلای مازَندَران، ماسوله، و دَریای خَزَر.

مامان: شاید بِشه یه جوری بَرنامه‌ریزی کَرد که هَر دوش رو بِتونیم بِبینیم. اِتِفاقاً مَن می‌خواستَم بِگَم بِریم سَمتِ اِصفَهان و شیراز. جاهای تاریخی دیدنی اونجا زیاده.

بابا: خُب! پَس بِهتَره بِشینیم و یه بَرنامه‌ریزیِ دَقیق کُنیم.

تمرین اوّل

با اِستِفاده از نرم افزار کاربردی نقشه یِک مَسیرِ سَفَر برای خانواده‌ی پدرام پیشنَهاد کُن. بِنِویس که چِطور از هَر شَهر به شَهرِ بَعد سَفَر کُنَند و چَند روز دَر هَر شَهر بِمانَند.

تمرین دوّم

مَتنِ زیر را بِخوان.

ایران کِشوری است که در غَربِ آسیا قَرار دارَد. جَزیره‌ی قِشم از جَزایرِ جُنوبیِ ایران است که درّه‌ی سِتارگان در آن قرار دارد. اُستانِ کُردِستان، در غَربِ ایران، آثارِ تاریخی و طَبیعَتِ بسیار زیبایی دارد. اُستان‌های شُمالیِ ایران سَرسَبز و جَنگلی‌اند. بُزُرگ‌تَرین دَریاچه‌ی دُنیا در شُمالِ ایران اَست و دَریای خَزَر نام دارد. یِکی از شَهرهای مَرکَزیِ ایران اصفهان است. مِیدانِ نَقشِ جهان دَر اِصفَهان اَست و اَطرافِ این مِیدان چَندین مَسجِد و بنای تاریخی قَرار دارَد.

دَرّه‌ی سِتارگان در جَزیره‌ی قِشم

ساحِل دریای خَزَر در گیلان

*

با تَوَجّه به مَتنِ صَفحه قَبل کُدام شَهریا اُستان را برای هر نَفَر پیشنَهاد می‌کُنی؟

مَریَم: دانِشجوی تاریخ اَست و بیشتَر دَرباره‌ی بَناهای اِسلامی تَحقیق می‌کُنَد.

آریا: هَمیشه سَفَر در طَبیعَت را دوست دارَد.

اَشکان: به بازدید اَز بَناهای باستانی خیلی عَلاقه دارد.

سَحَر: شَهرهای کنارِ دریا را برای سَفَر اِنتخاب می‌کُنَد.

تمرین سوّم

نامِ هر اُستان را در جایِ خودَش در نَقشه بنویس.

کِرمان	یَزد	خُراسانِ شُمالی
اَردِبیل	خوزِستان	سیستان و بَلوچِستان

نام دریای خَزر، خلیجِ فارس، و دریای عُمان را در نقشه بنویس.

ایران چَند اُستان دارد؟

تمرینِ چهارم

هَر کلَمه را به اُستان یا شَهرِ مُرتَبِطش وَصل کن.

جُنوب	کِرمانشاه
شُمال	خُراسان
گَویر	یَزد
زَعفِران	هَمِدان
غَرب	بَندرعَباس
غارِ عَلی‌صَدر	گیلان
بادگیر	کِرمان

اَگر به ایران سَفَر کَرده‌ای دَرباره‌ی آن چَند خَط بنویس. اَگر به ایران نَرَفته‌ای دَرباره‌ی یِک سفر دیگرت بنویس.

درس نوزدهم | شغل‌ها | OCCUPATIONS

نوشین و هَم‌کِلاسی‌اش کیارَش درباره‌ی شُغل‌های آیَنده‌شان با هَم حَرف می‌زَنَند.

- کیارَش: نوشین! دِلت می‌خواد چیکاره بِشی؟

- نوشین: هنوز دَقیق نِمی‌دونم. ریاضی رو دوست دارَم و برای هَمین دِلَم می‌خواد کارَم به ریاضی مُرتَبِط باشه.

- کیارَش: مثلاً رشته‌های عُلوم کامپیوتِر؟ یا مُهَندسی؟

- نوشین: اَز علوم کامپیوتر خوشم می‌آد اَما آمار هَم به نَظرم خیلی جالبه. باید بیشتر درباره‌اش تَحقیق کنم. تو چی؟

- کیارَش: یادگرفتنِ زَبان‌های مُختَلِف همیشه بَرام جالِب بوده و دَرس دادَن رو هم دوست دارَم. دوست دارَم مُعَلِّم زَبان بشم یا کارِ تَرجُمه بِکُنَم. اَلان هم دارم زبانِ ایتالیایی یاد می‌گیرَم.

- نوشین: عالیه! اگه تَدریس رو شُروع کُنی، مَن اوّلین شاگِردِت می‌شَم.

تمرین اوّل

شُغلِ مُناسِب را جِلوی هر جمله بنویس.

پِزِشک	سَرآشپَز	باغِبان	وَکیل	مُهَندِسِ کامپیوتر

- کار کَردَن در طَبیعَت و با گُل و گیاه به او آرامِش می‌دَهَد:
- دَرس‌های مربوط به بَدَنِ اِنسان در مَدرِسه برایَش خیلی جَذاب بودَند:
- آشپَزی‌اش بسیار عالی است و برای مِهمانی‌ها غَذاهای مُتِنَوِّع دُرُست می‌کند:
- مَهارَت و عَلاقه‌ی زیادی در کارکردن با نَرم‌اَفزارهای کامپیوتِری دارد:
- با حوصِله‌ی زیاد قَوانین را مُطالِعه می‌کند و دَر بَحث کَردن خیلی ماهِر است:

تمرین دوّم

جاهای خالی را با نِوشتَنِ شُغل‌های مُناسِب پُر کن.

بِهنام پُروژه‌های یک شِرکَت را مُدیریَت می‌کند. او .... است.

صَدَف در یک داروخانه کار می‌کند. او .... است.

شاهین در دانِشگاه دَرس می‌دَهد. او .... است.

مُروارید در بیمارِستان از بیماران پَرَستاری می‌کند. او .... است.

کامران در فروشگاهی لِباس می‌فُروشَد. او .... است.

تمرین سوّم

با توجه به هر تصویر نامِ یک شغُل را بنویس.

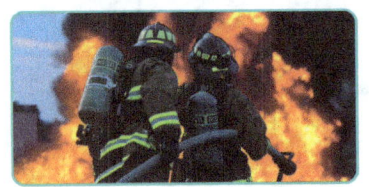

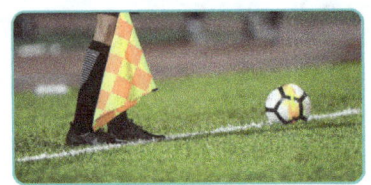

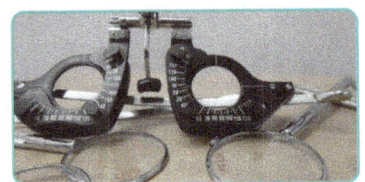

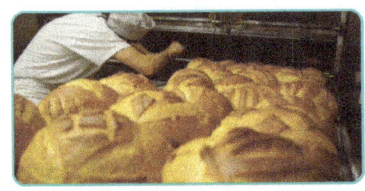

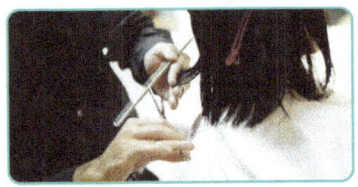

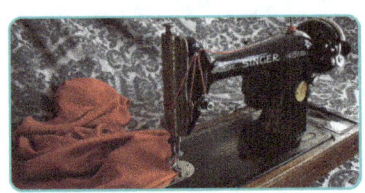

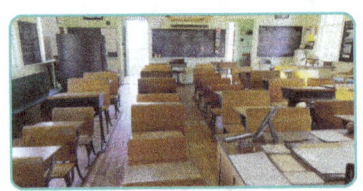

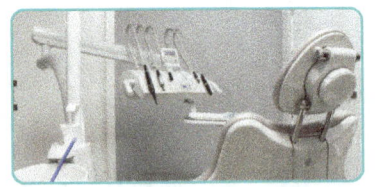

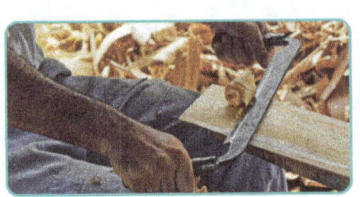

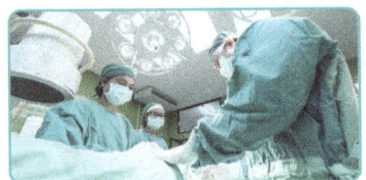

تمرین چهارم

دوستت داری در آیَنده چه‌کاره شَوی؟ در چَند جمله توضیح بِده چِرا این شُغل را اِنتِخاب کردی. اگر اکنون شاغِلی، دربارهٔ شُغلَت چَند جمله بنویس.

درس بیستم | تقویم | CALENDAR

هَر سال چهار فَصل و هر فَصل سه ماه دارَد.

بَهار	تابِستان	پاییز	زِمستان
فَروَردین March 21- April 19	تیر June 21- July 22	مِهر Sep 23 – Oct 22	دِی Dec 22 – Jan 19
اُردیبِهِشت April 20 – May 20	مُرداد July 23 – Aug 22	آبان Oct 23 – Nov 21	بَهمَن Jan 20 – Feb 18
خُرداد May 21 – June 20	شَهریوَر Aug 23 – Sep 22	آذَر Nov 22 – Dec 21	اِسفَند Feb 19 – March 20

در ایران از تَقویمِ «هِجریِ شَمسی» اِستفاده می‌شود که با تَقویمِ «میلادی» فَرق دارد.

تَقویمِ ایرانی با فَصلِ بهار شُروع و با فَصلِ زِمستان تَمام می‌شود.

در ایران شنبه روز اوّل هفته است و جُمعه‌ها تَعطیل اَست.

روزهای هفته

شَنبه یِکشنبه دوشنبه سه‌شنبه چهارشنبه پَنجشنبه جُمعه

تمرین اوّل

جاهای خالی را پر کن.

اوّلین روزِ هَفته .... است.

دوّمین ماهِ تابِستان .... است.

سوّمین فَصلِ سال .... است.

هر فَصل سه .... دارد.

هر هَفته .... روز است.

تاریخِ اِمروز در تَقویمِ ایران .... اَست.

روزِ تَوَلُّدِ من به تاریخِ ایرانی .... اَست. (روز و ماه)

تمرین دوّم

چه برنامه‌هایی برای دو هفته‌ی آینده داری؟ درباره‌شان چند جمله بنویس.

تمرین سوّم

با توجّه به برنامه‌ی هَفتگیِ آرَش مُکالمه‌ی زیر را کامِل کن.

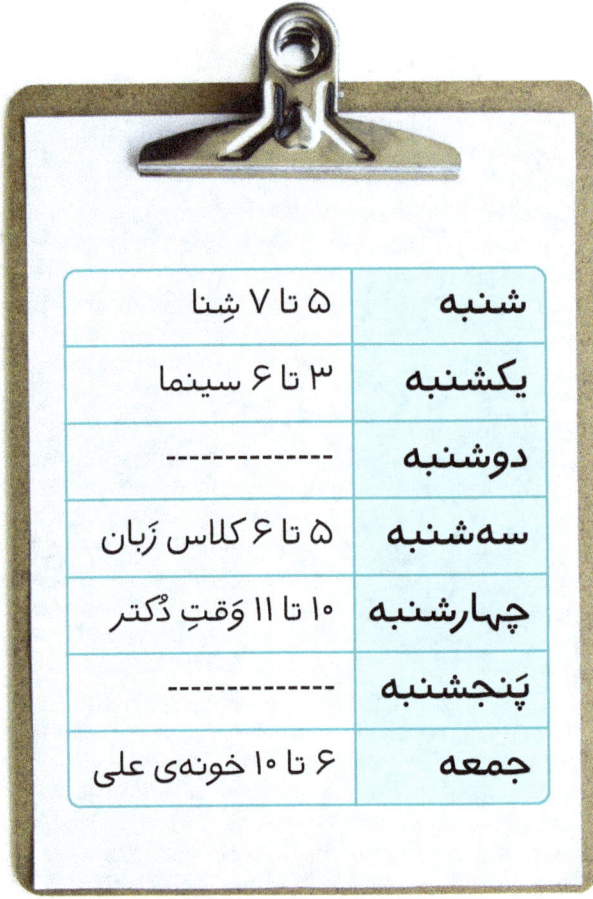

شنبه	۵ تا ۷ شِنا
یکشنبه	۳ تا ۶ سینما
دوشنبه	-------------
سه‌شنبه	۵ تا ۶ کلاس زَبان
چهارشنبه	۱۰ تا ۱۱ وَقتِ دُکتر
پَنجشنبه	-------------
جمعه	۶ تا ۱۰ خونه‌ی علی

- سَلام آرش خوبی؟ می‌خوایم با بچّه‌ها برنامه‌ی فوتبال بِذاریم. شنبه ساعَت ۴ تا ۶ می‌تونی؟

-خُب یکشنبه یا سه‌شنبه چطور؟ حدودِ ساعَتِ ۳ یا ۴.

-چِقدر وَقتِت پُره! خُب تو بِگو چه روزایی، ازساعتِ ۳ به بعد، دو ساعت وقت داری؟

تمرین چهارم

با توجّه به تَقویمِ ایرانی کُدام جمله دُرُست و کُدام نادُرُست اَست؟ اگر نادُرُست است، جَوابِ دُرُست را بنویس.

آخرین فَصلِ سالِ پاییز است. ....

سوّمین ماهِ تابِستان شَهریوَر اَست. ....

در ایران شَنبه‌ها تَعطیل اَست. ....

دوّمین ماهِ زِمِستان دِی اَست. ....

بُلَندترین روزِ سال یَلدا نام دارد. ....

اوّلین روزِ فَروَردین اوّلین روزِ سال اَست. ....

تمرین پنجم

با استفاده از کلمه‌های زیر جمله بساز.

تقویم: ....

قَرار: ....

هَفته: ....

شایَد: ....

برنامه: ....

درس بیست و یکم | هنرمندان ایران | IRANIAN ARTISTS

عباس کیارستمی

*

عَباسِ کیارُستَمی، عَکاس، فیلم‌ساز، فیلم‌نامه‌نِویس، و شاعِرِ ایرانی در سالِ ۱۳۱۹ (۱۹۴۰) در تِهران به دُنیا آمَد. او در دانِشکده‌ی هُنَرهای زیبای تهران دَرس خواند و از سالِ ۱۳۴۶ (۱۹۶۷) کارِ فیلم‌سازی را شُروع کرد. عَباسِ کیارُستَمی از هُنَرمندانی است که بَعد از اِنقِلابِ اِسلامی در ایران ماند و فیلم‌های بسیاری ساخت. او دَر سالِ ۱۳۹۵ (۲۰۱۶) برای دَرمانِ بیماری‌اش به فَرانسه رَفت و در آنجا دَرگُذَشت. او بیشترِ فیلم‌هایَش را در سِتایشِ زِندِگی و طَبیعَت ساخته بود.

سؤال

اِسمِ ۳ فیلمِ از کیارستمی را بنویس.

گفتگوی کلاسی

آیا تا به حال فیلمی از کیارستمی دیده‌ای؟ دَرباره‌ی آن با دوستانَت در کِلاس صُحبَت کُن.

رایان و صَبا درباره‌ی کیارستمی با هم صُحبَت می‌کُنَند:

- رایان: تا حالا از کیارُستَمی فیلم دیدی؟

- صَبا: آره! اوّلین فیلمی که اَزَش دیدم «طَعمِ گیلاس» بود. یکی دیگه هَم دیدم. اِسمِش یادَم نیست. درباره‌ی یه پِسَری بود که دُنبالِ خونه‌ی دوستِش می‌گشت. خیلی اون فیلم رو دوست داشتَم.

- رایان: آها! فیلمِ «خانه‌ی دوست کُجاست؟» رو می‌گی؟ مَنَم اون فیلم رو خیلی دوست داشتَم. می‌دونی کیارُستَمی بیشتَر از ۴۰ تا فیلم ساخته؟ سینَمایی، مُستَنَد، و فیلمِ کوتاه. کُلّی هم جایزه‌ی جَهانی گِرِفته.

- صَبا: آره! ۵ بار هم نامزَدِ جایزه‌ی نَخلِ طَلای جَشنواره‌ی کَن شد. مَن دوست دارَم فیلمای بیشتَری اَزَش بِبینَم.

- رایان: می‌تونیم با بَقیه‌ی دوستامون صُحبَت کُنیم و هَر ماه یه فیلم اَزَش بِبینیم.

رخشان بنی‌اعتماد

*

رَخشان بَنی اِعتِماد در سالِ ۱۳۳۳ (۱۹۵۴) در تهران به دُنیا آمَد. او یکی از هنرمندان تأثیرگذار ایران است که فیلم‌های زیادی با موضوعات اجتماعی ساخته. بنی‌اعتماد کارگردان، فیلم‌نامه‌نِویس، تَهیه کُنَنده، و مُستَنَدسازی است که جَوایزِ زیادی در جَشنواره‌های مُختلفِ ایران و کِشورهای دیگر دَریافت گرده است.او بی‌عدالتی‌ها و واقعیت‌های جامعه را درباره‌ی مشکلات زنان، دختران، و گروه‌های آسیب‌پذیر، به تصویر کشیده .او در سالِ ۱۳۹۶ (۲۰۱۷) به دَعوَتِ آکادِمیِ عُلوم و هُنرهای سینَمایی اُسکار، درشاخه‌ی نِویسَندگی، به اَعضای آکادِمی اُسکار پیوَست. اَز فیلم‌های او می‌تَوان «روسَری آبی»، «زیرِ پوستِ شَهر»، و «بانوی اُردیبِهشت» را نام بُرد.

سؤال

اِسمِ ۳ فیلمِ دیگر از بَنی اِعتِماد را بنویس.

محمدرضا شجریان

مُحَمَدرِضا شَجَریان در سالِ ۱۳۱۹ (۱۹۴۰) در مَشهَد به دُنیا آمد. او موسیقی‌دان، خوانَنده، و اَز تأثیرگُذارترین هُنرمندان در موسیقیِ سُنَّتیِ ایرانی بود. او در سال‌های ۲۰۰۴ و ۲۰۰۶ برای دو آلبومِ «بی تو به سَر نِمی‌شَود» و «فَریاد»، که با هَمکاریِ کِیهان کَلهُر، حُسین عَلیزاده، و هُمایون شَجَریان اِجرا شُده بود، نامزَدِ جایزه‌ی گِرَمی شُد. شَجَریان جایزه‌های زیادی از جُمله نِشانِ شُوالیه‌ی مِلّی لیاقَت را از دولتِ فَرانسه و نشانِ موتزارت را از سازمانِ یونِسکو دَریافت کَرد. او در سالِ ۱۳۹۹ (۲۰۲۰) دَرگُذشت و در نَزدیکیِ آرامگاهِ فِردوسی در مَشهَد به خاک سِپُرده شُد.

سؤال

اسم ۴ آلبومِ موسیقی از محمدرضا شجریان را بنویس.

از دیگر هُنَرمَندانِ موسیقی مُعاصِرِ ایران چه کَسانی را می‌شِناسی؟

تمرین اوّل

*

فاطِمه مُعتَمِد آریا از بازیگرانِ ایرانی است.
درباره‌ی او تَحقیق کُن و ۵ جمله بنویس.

تمرین دوّم

کلمه‌های زیر را مرتّب کن و جمله‌ی کامِل را بنویس.

نوگرای / بود. / بِهجَت صَدر / هُنَرمندانِ زَن / یِکی اَز / ایران

کاوه گُلِستان / عکس‌های زیادی / عَکاسِ ایرانی / گِرِفته بود. / اَز جَنگِ ایران و عراق

کِیهان کَلهُر / جایزه‌ی / در سالِ ۲۰۱۹ / هُنَرمَندِ بَرتَرِ سال را / دَریافت کَرد.

تمرین سوّم

در اینترنت جُستِجو کن و کلمه‌ی مُرتَبِط با فَعّالیتِ هر هُنَرمَند را جِلوی اِسمَش بنویس.

نَقاش	خوانَنده	نَوازَنده	مُجَسَمه‌ساز و مِعمار

پَری زَنگَنه .... سیا اَرمَجانی ....

فَریده لاشایی .... حُسین عَلیزاده ....

تمرین چهارم

درباره‌ی یکی از هُنَرهای ایرانی یا یک هُنَرمَندِ ایرانی تَحقیق کُن و ۳ تا ۵ جمله بنویس.

درس بیست و دوّم

نویسندگان ایران / IRANIAN AUTHORS

سیمین دانشور

سیمین دانِشوَر یکی از نویسَندِگان زنِ ایرانی است. اوّلین و مَعروف‌تَرین رُمانِ او «سووَشون» است که زَبانی ساده دارد. داستان در حُدودِ سالِ ۱۳۲۰ (۱۹۴۱)، سالی که شورَوی و بریتانیا در جَریانِ جَنگِ جهانیِ دوّم به ایران حَمله کردَند، اِتِفاق می‌اُفتَد. داستان درباره‌ی زِندِگیِ یوسُف و زَری است. یوسُف زمین‌داری است که از مَردُم حِمایَت می‌کُنَد و آذوقه‌ی مَردُم را به اِنگِلیسی‌ها نِمی‌فُروشَد. زَری هَمسَرِ یوسُف است. او در اِبتِدای داستان رَفتارهای زَنانِ آن زَمان را به نَمایِش می‌گُذارَد. در جَریانِ داستان، زَری تَغییر می‌کُنَد و رَفتارهایَش پیش‌روتر از زَنانِ زَمانِ خودَش می‌شَود. سووَشون که فَضای اِجتِماعی و سیاسیِ آن دوران را نِشان می‌دَهَد به هِفدَه زَبان تَرجُمه شُده است. سیمین دانِشوَر در سالِ ۱۳۹۰ (۲۰۱۲) در تِهران دَرگُذَشت.

تحقیق

دربارەی سیمین دانِشوَر تَحقیق کُن و گُزارِشی کوتاه بنویس. دربارەی سالِ تَوَلُّد و مَرگ، تِعدادِ رُمان‌ها و مَجموعه داستان‌ها و زندگیِ شَخصی‌اَش در گُزارِشَت بنویس.

صادق هدایت

صادِق هِدایَت، داستان‌نِویس و مُتَرجِم، در سال ۱۲۸۱ (۱۹۰۳) در تِهران به دُنیا آمد. او یِکی از پیشگامانِ داستان‌نِویسیِ نُوینِ ایران بود و روی جَریانِ روشَنفِکریِ ایران تأثیر زیادی گُذاشت. مُهِم‌تَرین اَثَر او رُمانِ کوتاهِ «بوفِ کور» است. این کِتاب تاکُنون به چَندین زَبان، از جُمله اِنگِلیسی و فَرانسه، تَرجُمه شُده است. از دیگر داستان‌های او می‌تَوان «سه قَطره خون» و «سَگِ وِلگَرد» را نام بُرد. صادِق هِدایَت در سالِ ۱۳۳۰ (۱۹۵۱) در پاریس به زِندگی خود پایان داد.

گفتگوی کلاسی

کُدام یک از داستان‌هایی را که خوانده‌ای بیشتَر دوست داشتی؟ با هَم‌کِلاسی‌هایَت درباره‌اش صُحبَت کن و بِگو چِرا.

تمرین اوّل

مَتنِ زیر از رُمانِ «کِلیدَر» نِوِشتهی مَحمود دولَتآبادی است. آن را بخوان و معنی کلمههایی که برایت جدید یا جالب است پیدا کن و در جاهای خالی زیر بنویس.

عِشق اَگَرچه میسوزانَد اَما جَلای جان نیز هَست. لَحظهها را رَنگین میکُنَد سُرخ. خون را داغ میکُند. آفتاب است. فَراز است و فُرود. کوهِستانی اَفسانهای است... کَشفِ تازهای از خود در خود.

تمرین دوّم

هوشنگ گلشیری
شازده احتجاب

جاهای خالی را با کَلَمههای مُناسِب پُر کُن. سِپَس با نِوِشتَنِ شُمارهی ۱ تا ۴ کِنارِ هر جمله، تَرتیبِ آنها را مُشَخَص کُن که مَتن مَعنیدارتَر شَوَد.

مُهِم	دَرگُذَشت.	به دُنیا آمَد.	با تأثیر	با تَشکیلِ

هوشَنگ گُلشیری .... کارگاه‌های داستان‌خوانی، نسلِ تازه‌ای از نویسندگان ایرانی را پَروَرِش داد.

گُلشیری در سال ۱۳۷۹ (۲۰۰۰) در تهران ....

ک‌ت‌ابِ «ش‌ازده اِح‌تِ‌جاب» از آث‌ارِ .... ای‌ن نِ‌وی‌سَ‌ن‌ده اس‌ت.

بَهمن فَرمان‌آرا، کارگردانِ ایرانی، فیلمی با هَمین نام و .... از این داستان ساخته است.

گلشیری در سال ۱۳۱۶ (۱۹۳۷) در اِصفِهان ....

تمرین سوّم

فَرض کُن که نویسنده‌ای و می‌خواهی داستان بنویسی. به سؤال‌های زیر جَواب بده.

- شَخصیَت‌های اَصلیِ داستانَت چه کَس یا کَسانی هَستَند؟ درباره‌شان توضیح بِده.
- داستان در کُجا اِتِفاق می‌اُفتَد؟ در چَند جُمله توصیف کُن.
- در چه زَمانی؟
- موضوعِ داستانَت چیست؟

تمرین چهارم

از کتاب‌های زیر یکی را اِنتِخاب کُن. درباره‌ی نِویسَنده‌اَش تَحقیق کُن و اِسمِ چَند کِتاب دیگَرَش را بنویس.

زَنان بدون مَردان: شَهرنوش پارسی‌پور

سَمفونی مُردِگان: عَباس مَعروفی

چَشم‌هایَش: بُزُرگ عَلَوی

جایی دیگر: گُلی تَرَقی

درس بیست و سوّم

مکان‌های دیدنی ایران / IRAN'S ATTRACTIONS

*

موزه‌ی هنرهای معاصر تهران

اینِ موزه در سالِ ۱۳۵۶ (۱۹۷۷) و با حِمایَتِ دَفتَرِ شَهبانو فَرَحِ پَهلَوی در تِهران ساخته شد. طَراح و مِعمارِ موزه کامران دیبا بود. او نَمای بیرونیِ این موزه را با اِلهام از بادگیرهای کَویریِ ایران طَراحی کَرد، در حالی‌که مَسیرِ مارپیچِ درونِ ساختِمان ویژگی‌های مِعماریِ مُدِرن را دارد. مَجموعه‌ی آثارِ هنریِ این موزه نیز اَهَمیَتِ بالایی دارد. این مَجموعه که به تَلاشِ فَرَحِ پَهلَوی خَریداری شُده کامِل‌تَرین و مُهِم‌تَرین گنجینه‌ی هُنرِ مُدِرن در خارِج از اُروپا و آمریکای شُمالی است.

تمرین کلاسی

با توجّه به متن جاهای خالی را پر کن.

کامران دیبا .... و .... موزه‌ی هُنَرهای مُعاصِرِ تهران است.

نَمای بیرونیِ موزه با تأثیر از .... طَراحی شُده است.

فَضای داخلیِ موزه شِکل .... دارد که نِشانگَرِ مِعماری .... است.

*

پل طبیعت

پُلِ طَبیعَت بُزُرگ‌ترین پُلِ پیاده در تِهران است. می‌دانی چرا به آن پُلِ طَبیعَت می‌گویَند؟ چون از روی یک بُزُرگراه می‌گُذَرَد و دو پارکِ «آب و آتَش» و «طالِقانی» را به هَم وَصل می‌کنَد. طَراحیِ این پُل به شِکلی است که هم برای گُذَرِ عابِرین و هم برای تَفریح و اِستِراحَت مُناسِب است. در مَسیرِ این پارک رِستوران‌ها و نیمکت‌هایی برای مُعاشِرَت و اِستِراحَت قَرار دارد.

تمرین اوّل

دربارهٔ یکی از مَکان‌های تَفریحیِ شَهرَت چَند جمله به فارسی بنویس.

تمرین دوّم

کلمه‌های زیر را مرتّب کن و جُمله‌ی کامِل را بنویس.

است. / مکان‌های دیدنی / تهران / بازار تهران / یکی از

زِمستانی/ اَز / پیستِ اسکیِ/ در تهران / دیزین / است. / مَکان‌های تَفریحیِ

تمرین سوّم

دربارەی یکی از مَکان‌های دیدنیِ زیر تَحقیق کن و چَند جُمله بنویس.

موزەی سینما	موزەی فرش	موزەی ایران باستان

تمرین چهارم

با استفاده از نرم‌افزار نقشه اسم شهر هر مکان را پیدا کن.

کوهسَنگی	شَهرَک سینَمایی غَزالی	موزه صِدا	آتشکده نیاسر

تمرین پنجم

فَرض کُن یک ماه تَعطیلات داری. در این یک ماه، بِدونِ هیچ مَحدودیَتی، هر جای دُنیا که دوست داشته باشی می‌تَوانی بِرَوی. بَرنامه‌ی سَفَرَت را به همراه اسمِ یک مکان دیدنی در هر شهر بِنِویس. این مَکان‌های دیدَنی می‌توانَند آثار تاریخی، طَبیعَت، یا هر چیز دیگر باشَند.

*

جنگل اَبر

جَنگَلِ اَبر در شَهرِستانِ شاهرود قَرار دارَد. در ماه‌های خاصی از سال اَبرها آنقَدر به این جَنگَل نزدیک می‌شَوَند که اقیانوسی از ابر جنگل را فرا می‌گیرَد. برای هَمین به آن جَنگَلِ اَبر می‌گویَند.

جزیره‌ی هُرمُز

این جَزیره در جُنوبِ ایران و در خَلیجِ فارس قَرار دارد. خاک‌های رنگین در ساحل، درّه‌ها، و غارهای هُرمُز از جاذبه‌های این جزیره است.

**

کلوت‌های شهداد

این کَلوت‌ها در اُستانِ کِرمان و در بیابان لوت قَرار دارند. این مَنطَقه یکی از قُطب‌های گَرمایی زَمین است.

غار علی‌صدر

این غار یکی از غارهای آبیِ قابلِ قایِق‌رانی در جَهان اَست که در دِلِ کوه‌های زاگرُس در اُستانِ هَمِدان قرار دارد. قِدمتِ این غار چندین میلیون سال است.

سؤال

به نقشه‌ی ایران نگاه کن و نام سه جَزیره‌ی دیگر در جنوب ایران را بنویس.

تمرین اوّل

وقتی به کلمه‌های زیر فکر می‌کنی چه چیزهایی به ذِهنَت می‌آید؟

بیابان:

دریا:

جنگل:

کوهستان:

تمرین دوّم

با هر کدام از کلمه‌ها و تَرکیباتِ زیر جمله بساز.

کوهِ دَماوَند:

دَرّه‌ی سِتارگان:

اورامان:

تمرین سوّم

جُمله‌های زیر را مرتّب کن. طوری که یک داستانِ مَعنی‌دار دُرُست شَوَد.

- [ ] آنها تَصمیم دارَند مُدَتِ کوتاهی هَم در جَزایرِ جُنوبی بِمانَند.
- [ ] در آخَرِ سَفَر هَم، اَگَر فُرصَت شُد، به جَنگل‌های شُمالِ ایران بِرَوَند.
- [ ] اِحسان و دوستَش نیما پاییزِ سالِ آیَنده به ایران می‌رَوَند.
- [ ] نیما دیدنِ کَویرها در مَرکَزِ ایران را دوست دارد.
- [ ] آنها می‌خواهَند سَفَری دَه روزه بَرای طَبیعَت‌گَردی بَرنامه‌ریزی کُنَند.
- [ ] اِحسان دوست دارَد طَبیعَتِ غَربِ ایران را ببینَد.

تمرین چهارم

در نَقشه‌ی زیر مُناسِب‌تَرین مَسیر را برای سَفَرِ اِحسان و نیما پیشنَهاد کن.

درس بیست و پنجم

میراث تاریخی ایران / IRAN'S HISTORIC HERITAGE

وَقتی از «میراثِ جَهانی» ایران می‌گوییم، تَختِ جَمشید و مِیدانِ نَقشِ جَهان اوّلین اِسم‌هایی هستند که به ذِهن می‌آیَند. تَختِ جَمشید، شَهری تاریخی مَربوط به دوره‌ی هَخامَنشی است که بیش از ۲۵۰۰ سال پیش ساخته شده است. مِیدانِ نَقشِ جَهان، مِیدانی مُستَطیل شِکل است که بیشتر بَناهای آن حُدود ۴۰۰ سال پیش، در دوره‌ی صَفَویه، ساخته شده‌اند. تا سال ۱۴۰۲ (۲۰۲۳) ۲۶ اَثَرِ فَرهَنگیِ ایران در میراثِ جَهانیِ یونِسکو ثَبت شُده که شاملِ بَناها، شَهرها، نیایِشگاه‌ها، سَنگ‌نِوِشته‌ها، کِلیساها، بازارها، و باغ‌هایی‌اند که در شَرق، غَرب، جُنوب، مَرکَز و شُمالِ ایران قَرار دارند.
اطلاعات بیشتر درباره‌ی این آثار را می‌توانید در وِبسایتِ یونِسکو بخوانید.

گفتگوی کلاسی

به نَظَرِت چرا بَناهای تاریخی اهمیت دارند؟ آیا فَقَط اَرزِش‌های مِعماریِ آن‌ها مُهِم است؟ درباره‌ی این سؤال با دوستانَت در کِلاس صُحبَت کن.

آثار تاریخی ایران

*

اگر می‌خواهید یکی از پیشرَفته‌ترین شَهرهای باستانیِ جَهان را بِبینید، به «شَهرِ سوخته» در اُستانِ سیستان و بَلوچِستان سَفَر کُنید که حُدودِ ۵۰۰۰ سال قِدمَت دارد.

«کاخِ چِهِلسُتون» از بَناهای تاریخیِ اِصفِهان است. این بَنا فَقَط بیست سُتون دارَد، وَلی با اِنعِکاسِ تَصویرِ این بیست سُتون در آبِ اِستخرِ چِهِل سُتون دیده می‌شود.

**

بازارِ تَبریز از قَدیمی‌ترین و بُزُرگ‌ترین بازارهای سَرپوشیده‌ی قاره‌ی آسیا است. این بازار یکی از میراثِ جهانیِ ایران است که در یونِسکو ثَبت شُده است.

***

۹ باغِ ایرانی، برای ویژِگی‌های خاصِ مِعماری‌شان، در فِهرستِ میراثِ جَهانیِ یونِسکو ثَبت شده‌اند. باغِ شاهزاده ماهان در کِرمان یکی از این باغ‌هاست.

تمرین اوّل

محلِ بَناهایی را که در مَتنِ دَرس آمده‌اند روی نَقشه پِیدا کن و بنویس.

تمرین دوّم

متن زیر را بخوان و دور املای درست کلمات خط بکش.

اوّلین موضه‌ی / موزه‌ی ساخته شده در ایران «موزه‌ی ایران باستان» در تهران است. ساختِ این موزه به دَستورِ رِضا شاه / شاح در سالِ ۱۳۱۳ (۱۹۳۴) شُروع شُد و در سال ۱۳۱۶ (۱۹۳۷) اِفتِتاح شد. تَراحِ / طَراحِ آن آندره گُدار، مِعمار و باستان‌شِناسِ فَرانسَوی، بوده است. در این موزه ظرف‌ها، اَبزارِ جَنگی، وَسایِلِ تَزئینی و بسیاری / بِثیاری آثارِ باصتانیِ / باستانیِ دیگر به نَمایِش دَرآمده است.

تمرین سوّم

با جُستِجو در نَقشه، مَحَلِ هریک از آثارِ باستانیِ زیر را بنویس.

پاسارگاد: ....

گُنبدِ سُلطانیه: ....

کاخِ گُلِستان: ....

درس بیست و ششم

فرهنگ قومی ایران / IRAN'S ETHNIC CULTURE

ترکمن

گیلک

بلوچ

کرد

آیا در مَحلِ کار یا زِندگی‌ات آدَم‌هایی را که از کِشوَرهای دیگر آمِده‌اند می‌شِناسی؟ غَذا، زَبان، و فَرهنگِ آنها چه تَفاوُت‌هایی دارند؟ چِنین تَفاوُت‌هایی نه فَقَط بِینِ مَردُمِ کِشوَرهای مُختَلِف، بَلکه گاهی بینِ مَردمِ یک کِشوَر هَم هَست.

ایران یکی از کِشورهایی است که تَنَوُّعِ قومیِ زیادی دارد. اَقوامِ مُختَلِفی از جُمله عَرَب، کُرد، تُرک، فارس، بَلوچ، لُر، گیلک و مازَندَرانی در ایران زِندِگی می‌کنند.

این تَنَوُّعِ قومی باعِثِ تَنَوُّعِ زَبانی و گویِشی هَم شده است. بیشترِ این اَقوام لِباس‌های مَحَلّیِ خودِشان را دارند. اَلبَته مُمکِن است هَمیشه از این لباس‌ها اِستِفاده نَکُنَند و در مَراسِمِ خاص آنها را بِپوشَند.

با توجّه به متن بالا جاهای خالی را پر کن:

.... و .... و .... از اَقوامِ ایرانی هَستند.

.... و .... و .... از زَبان‌های رایجِ ایران هستند.

شَهرهای مُختَلِف در ایران غَذاهای مُتِنَوِّعی دارَند.

از غذاهای معروف محلّیِ ایران

کوفته تَبریزی در تبریز

*

میرزا قاسِمی در شُمالِ ایران

*

خورِشِ قَلیه ماهی در جُنوبِ ایران

**

کَبابِ بِریانی در اِصفِهان

تمرین اوّل

در اینترنت دَرباره ی مَحَّل زندگی قوم‌هایِ بَلوچ، کُرد، گیلک، مازَندَرانی، لُر، آذَری، و عَرَب در ایران تَحقیق کُن؛ بعد قِسمَتِ اَوّل و دوّم جُمله‌های زیر را به هم وصل کن.

بَلوچ‌ها بیشتَر در شَهرهای	○	○	کُردِستان، ایلام، و کِرمانشاه زِندِگی می‌کُنَند.
اَقوامِ لُر دَر لُرستان و	○	○	شُمالِ غَربیِ ایران زِندِگی می‌کُنَند.
آذَری‌ها بیشتَر در شَهرهای	○	○	جُنوبِ شَرقی ایران زِندِگی می‌کُنَند.
مَحَّلِ زندگی گیلک‌ها و مازَندَرانیها	○	○	عَربنشین هَستند.
کُردهایِ ایران بیشتَر در	○	○	چندِ اُستانِ دیگر زِندِگی می‌کُنَند.
بَعضی از شَهرهایِ جُنوبِ ایران	○	○	کِنارِ دَریایِ خَزَر است.

تمرین دوّم

با تَوَجّه به جمله‌های بالا مَحَلِ زِندِگیِ اَقوامِ زیر را در نَقشه مُشَخَص کن و بنویس.

عَرَب	آذَری	گیلَکی	بَلوچ	مازَندَرانی

تمرین سوّم

هر کلمه را به شَهرِ مَربوطَش وَصل کن.

آذَری	کِرمانشاه
کباب بریانی	اصفهان
کُردی	شیراز
ته‌چین مرغ و بادمجان	تبریز

تمرین چهارم

نامِ ۵ غَذای مَحلّیِ دیگر ایرانی را پِیدا کن و بنویس. هر کدام مَربوط به کُدام شَهر یا مَنطَقه هَستند؟

درس بیست و هفتم

مناسبت‌ها و جشن‌های ایرانی / IRANIAN CELEBRATIONS

«جَشن‌های مِلّی» بَخشِ مُهِمی از فَرهَنگِ هر کِشوَرند. این جَشن‌ها به مُناسِبَت‌های مُختَلِف، برگزار می‌شود، مثل "سال نو". این مَراسِمِ بیشتر با برنامه‌هایی مِثلِ آتَشبازی، رَقص، رِژه، آواز و موسیقی همراه‌اند.

در بَعضی کِشوَرها، اَز جُمله ایران، جَشنِ سالِ نو هَم‌زَمان با آغازِ بَهار است و «نوروز» نام دارد. نوروز در سالِ ۲۰۱۰ به عُنوانِ یک جَشنِ بِین‌المِلَلی در سازمانِ مِلَلِ مُتَّحِد ثَبت شد. مَردُم نوروز را با چیدنِ سُفره‌ی هَفت‌سین و دید و بازدیدِ فامیل و دوستان بَرگُزار می‌کُنَند.

گفتگوی کلاسی

دَرباره‌ی نوروز با هَمکِلاسی‌هایَت صُحبَت کن. چه چیزهایی در سُفره‌ی هَفت‌سین می‌گُذاریم؟ آیا می‌دانید هرکُدام سَمبلِ چه چیزی است؟

جَشنِ دیگری که قَبل از نوروز در ایران بَرگُزار می‌شود «چهارشَنبه سوری» است. این جَشن از غُروبِ آخَرین سه‌شَنبه‌ی سال شُروع می‌شَوَد و تا بامدادِ چهارشَنبه اِدامه دارَد. مَردُم با پَریدَن اَز روی آتَش این شَب را جَشن می‌گیرَند.

«شَبِ یلدا» از دیگر مُناسِبَت‌های ایرانی است. شَبِ یَلدا طولانی‌ترین شبِ سال است و در این شَب خانِواده‌ها دورِ هَم جَمع می‌شَوند. آنها با خواندنِ اَشعارِ حافِظ و خوردنِ آجیل و میوه این شَبِ طولانی را کِنار هَم می‌گُذَرانَند. هِندِوانه و اَنار هَمیشه در میانِ میوه‌های شَبِ یلدا هستند.

تمرین اوّل

هرکلمه را زیرِ مُناسِبتِ مُرتَبِطَش بنویس. بَعضی کلمه‌ها به بیش از یک مناسبت مَربوطَند.

شَب	چهارشَنبه	هفت‌سین	پاییز	اَنار
سالِ نو	آتَش	طولانی	آجیل	بَهار
حافِظ	هِندوانه	پَریدن	زِمستان	

نوروز	شب یلدا	چهار شنبه سوری

تمرین دوّم

جمله‌های زیر را مرتّب کن طوری که یک داستانِ مَعنی‌دار دُرُست شَوَد.

- [ ] به هَمین عِلَّت این روز را «روزِ طَبیعَت» هَم می‌نامَند.
- [ ] در «سیزده به در» خانِواده‌ها و دوستان به طَبیعَت می‌رَوند و روزِ آخرِ تَعطیلات را با هَم می‌گُذرانَند.
- [ ] آنها دَه روز از تَعطیلاتِ نوروز را به شَهرهای مَشهَد، کِرمان، و یَزد رفتند.
- [ ] این روز «سیزدَه به دَر» نامیده می‌شَود.
- [ ] آنها می‌خواهَند بَرای روزِ سیزدَهمِ نوروز بَرنامه‌ریزی کنند.
- [ ] پِکتا با خانِواده‌اش در ایران زِندِگی می‌کُند.

تمرین سوّم

اشتباه‌های اِملاییِ زیر را دُرُست کن.

مَردُم در چهارشنبه صوری آتش رُشَن می‌کُنَند. آنها با پَریدن از روی آتش می‌خانند: ذَردیِ مَن از تو، سُرخیِ تو از مَن. با این جُملِ می‌خاهَند بیماری و مُشکِلاتشان را به آتَش بِدَهَند و سُرخی و گَرمی و نیرو را از آتَش بِگیرَند.

تمرین چهارم

دربارهٔ هر مُناسِبت ۳ تا ۵ جمله بنویس.

چهارشنبه سوری

نوروز

شَبِ یَلدا

درس بیست و هشتم

شاعران ایران / IRANIAN POETS

شعر همیشه بخش مهمی از اَدَبیاتِ ایران بوده است. شِعرِ فارسی به دو نوع کِلاسیک و نو تَقسیم می‌شَود. شِعرِ نو ساختارهای وَزن و قافیه‌یِ شِعر کِلاسیک را رِعایَت نِمی‌کند و به زَبانِ روزمَره‌یِ مَردُم نَزدیک‌تَر است.

شعر کلاسیک

فردوسی، حافِظ، سَعدی، و مولانا شعر کلاسیک می‌سروده‌اند.

طاهِره قُرَّة العین

بّخشی از غزلِ «چهره به چهره»

گَر به تو اُفتَدَم نَظَر چِهره به چِهره رو به رو
شَرح دَهَم غَمِ تو را نُکته به نُکته مو به مو

اَز پِیِ دیدَنِ رُخَت هَمچو صَبا فِتاده‌ام
خانه به خانه در به در کوچه به کوچه کو به کو

شعر نو

نیما یوشیج، حَمید مُصَدِق، و اَحمَدرِضا اَحمَدی از شُعرای شعر نواند.

احمد شاملو

بخشی از شعرِ «روزی ما دوباره کبوتَرهایِمان را پِیدا خواهیم کرد»

روزی ما دوباره کبوتَرهایِمان را پِیدا خواهیم کرد
و مِهرَبانیِ دَستِ زیبایی را خواهَد گِرِفت
روزی که کمتَرین سُرود
بوسه است
و هَر اِنسان
برای هَر اِنسان
بَرادَری‌ست
روزی که دیگر دَرهای خانه‌شان را نِمی‌بَندَند
قُفل اَفسانه‌ای‌ست
و قَلب بَرای زِندِگی بَس است

فروغ فرخزاد

بخشی از شعرِ «تَوَلُّدی دیگر»

زندگی شایَد
یک خیابانِ دِرازست که هَر روز زَنی با زَنبیلی از آن می‌گُذَرَد.
زندگی شایَد
ریسمانی‌ست که مَردی با آن خود را از شاخه می‌آویزَد
زندگی شایَد طِفلی‌ست که از مَدرِسه بَرمی‌گَردَد
زندگی شایَد اَفروختَنِ
سیگاری باشَد در فاصِلهٔ رِخوَتناکِ دو هَم‌آغوشی

مهدی اخوان ثالث

بَخشی از شعرِ «هِی فِلانی! زِندِگی شایَد هَمین باشَد؟»

هِی فِلانی! زندگی شاید هَمین باشَد
یک فَریبِ ساده و کوچَک
آن هَم از دَستِ عَزیزی که تو دُنیا را
جُز بَرای او و جُز با او نِمی‌خواهی
من گُمانَم زِندِگی بایَد هَمین باشد

گفتگوی کلاسی

دربارهی شِعرهای مِهدی اَخَوان ثالِث و فُروغ فَرُخزاد با هَم‌کِلاسی‌هایَت حَرف بِزَن.

تمرین اوّل

درباره‌ی یِکی از شُعَرای زیر تَحقیق کُن و چَند جُمله بِنِویس.

سیمین بِهبَهانی   سُهراب سِپِهری   فِریدون مُشیری

تمرینِ دوّم

جمله‌ها را طوری مرتّب کُن که شِعر کامِل شَود. شِعر از سیِّد عَلی صالِحی است.

- [ ] بِخواهی که به خوابَم بیایی و مَن
- [ ] که یک شَب
- [ ] بیدار نِشَسته باشَم.
- [ ] تَمامِ تَرسَم از این است
- [ ] هَمچِنان به یادَت

تمرینِ سوّم

یِکی از آرایه‌های اَدَبی که در شِعر و اَدَبیات اِستِفاده می‌شَود «تشبیه» است. جُمله‌های زیر را با اِستِفاده از هَمین آرایه کامِل کُن.

او مِثلِ .... گِریه می‌کَرد.

او مانَندِ .... آرام خوابیده بود.

او هَمچون .... عَصَبانی بود.

با آن لباسِ آبیِ بُلَند مِثلِ .... شُده بود.

تمرین چهارم

بَخشی از یِک شِعر را که دوست داری اِنتِخاب کُن و به فارسی بِنِویس.

درس بیست و نهم

ضرب‌المثل‌های فارسی / PERSIAN PROVERBS

در زبان فارسی، مِثلِ هَمه‌ی زَبان‌های دیگر، ضَربُ المَثَل‌ها و اِصطِلاحاتِ زیادی وُجود دارد. مَعنیِ اِصطِلاحات و ضَربُ المَثَل‌ها را نِمی‌شَود از مَعنیِ تَک تَکِ کَلَماتِشان فَهمید و لازِم است که داستانِ پیش زَمینه‌ی آنها را بِدانیم. اگَر ضَربُ المَثَل و اِصطِلاح را دَر جای دُرُست اِستِفاده کنُیم می‌تَوانیم مَنظورِمان را بِهتَر به مُخاطَب بِرِسانیم.

گفتگوی کلاسی

چَند ضَربُ‌المَثَلِ رایِج در زَبانِ اِنگِلیسی را به فارسی بِگو. با دوستانَت درباره‌ی مَعنی‌شان صُحبَت کن. در چه مَواقِعی هَرکُدام از این ضَربُ‌المَثَل‌ها اِستِفاده می‌شَوَند؟

چند ضرب‌المثل فارسی

- بالاتَر از سیاهی که رَنگی نیست: شَرایط از این بَدتر نمِی‌شود.
- اونقَدر وایسا تا عَلَف زیرِ پات سَبز شه: اِنتِظار بی‌نَتیجه است.
- زَبونَم مو دَرآوُرد: خَسته شُدم اینقدر که یک حَرف را تِکرار کَردم.
- با دُمِش گِردو می‌شکَنه: از اِتِفاقی که پیش آمده خیلی خوشحال است.
- جای سوزَن اَنداختَن نیست: بسیار شُلوغ است.
- از دیوارِ راست بالا میره: بِسیار شِیطان است.
- اَشکِش تو آستینِشه: به کوچِک‌تَرین بَهانه‌ای گِریه می‌کند.

تمرین اوّل

هر ضَرب المَثَل را به مَعنایش وَصل کن.

از این گوش می‌شنَوه و از آن گوش دَر می‌کنه.	چاق و سَرحال شده.
پات رو از تو کفشِ مَن دَربیار.	فَریب و خُقّه‌ای در کار است.
مو لای درزِ کارِش نِمی‌ره.	به حَرف تَوَجُّه نمی‌کند.
دستِش نَمَک نداره.	در کارِ مَن دِخالَت نَکن.
آب زیرِ پوستِش رَفته.	کارِش خیلی دقیق و حِساب‌شُده است.
کاسه‌ای زیرِ نیم‌کاسه است.	به هَر کَسی خوبی می‌کُند بدی جواب می‌گیرد.

تمرین دوّم

یک ضَرب‌المَثَل از زَبانی غِیر از فارسی اِنتِخاب کن. به فارسی بنویس. توضیح بده در چه موردی به کار می‌رَوَد و به چه مَعنی است.

تمرین سوّم

کلمه‌های زیر در زبانِ فارسی بیشتر از یک مَعنی دارند. یک مَعنی را اِنتِخاب کُن و جُمله بِساز. جمله‌ها را برای هَم‌کِلاسی‌هایَت بِخوان.

خَط: ....

شیر: ....

سیر: ....

پیچ: ....

گاز: ....

زَبان: ....

تمرین چهارم

ضرب‌المثل‌هایی را که در دَرس آمده مُرور کن. جِلوی هَر جمله ضرب‌المثلِ مُناسِب را بنویس.

عَلی بَرَنده‌ی لاتاری شُده است و بِسیار خوشحال است.

....

مونا چَند ماه در سَفر بود و بِسیار سَرحال شُده است.

....

اِستادیومِ فوتبال دیروز خیلی شُلوغ بود.

....

پِدَرِ تَرلان در کارَش بِسیار دَقیق است.

....

زَبان مِثلِ موجودِ زِنده‌ای هَمیشه در حالِ تَغییر است. کلمه‌های جَدید اِضافه می‌شوند. کلمه‌های قَدیمی حَذف می‌شوند. گاهی کلمه‌ها حَذف نِمی‌شَوَند وَلی مَعنای آنها به مُرورِ زَمان عَوَض می‌شَود. بَعضی وَقت‌ها هَم مَعناهای جَدید به مَعناهای قَبلی اِضافه می‌شَود. گاهی این تَغییرات به عِلَّتِ تأثیرِ زَبان‌های دیگر و گاهی به عِلَّت نیازهای جَدیدِ زَبانی است. خَط هَم به عُنوانِ اَبزارِ نِوِشتاریِ زبان، هَمگام با آن، دُچارِ تَغییر می‌شَود. زَبانِ فارسی یکی از نِمونه‌هایی است که این تَحَوُّل را به خوبی نِشان می‌دَهَد.

زَبان‌شِناسان زَبانِ فارسی را به سه دوره‌ی تاریخی تَقسیم می‌کُنَند:

فارسیِ قَدیم

دوران باستان (حدود ۵۲۵ تا ۳۰۰ قَبل از میلاد)

خَطِ میخی: خَطِ رایِج در دوره‌ی هَخامَنِشی خَطِ میخی بوده است. نِمونه‌ی خَطیِ این دوران را می‌تَوان در گتیبه‌های بیسُتون، تَختِ جَمشید، و پاسارگاد دید.

فارسیِ میانه

دوره‌ی اشکانیان و ساسانیان (حدود ۳۰۰ قبل از میلاد تا ۷۰۰ میلادی)

خَطِ پَهلَوی: بَعد از خُروجِ یونانیان از ایران و هَم‌زَمان با دوره‌ی اَشکانیان و ساسانیان خَطِ پَهلوی رَواج داشته است. نِمونه‌های خَطِ این دوران را می‌تَوان در سِکه‌های اَشکانی و ساسانی دید.

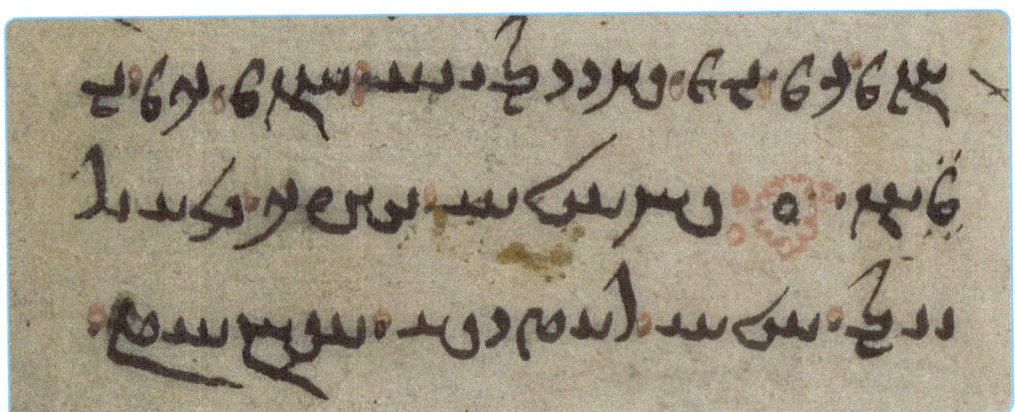

فارسیِ نو

از ۷۰۰ میلادی تا اکنون

خَطِ اسلامی: بَعد از وُرودِ اِسلام به ایران نه فَقَط از اَلِفبای عَرَبی برای نِوِشتَن اِستِفاده می‌شُد بَلکه بِسیاری از کلمه‌های عَرَبی هَم وارِدِ زَبانِ فارسی شُد. دَر سال‌های اَخیر زَبان‌شِناسان به دُنبالِ کلمه‌های جایگُزینِ فارسی برای این کلمه‌های عَرَبی هستند مثل سِپاسگُزارَم به جای مُتِشَکِرَم. زَبان‌شِناسان همچنین از ویژگیِ پویاییِ زَبان برای پیدا کَردنِ مُعادِل‌های فارسی برای کلمه‌هایی که از زَبان‌های دیگر می‌آیَند اِستِفاده می‌کُنند: مِثلِ هَمه‌پُرسی (Refrondom) و گُفتِمان (Discourse)

تمرین اوّل

تَفاوتِ اَلِفبای فارسی و عَرَبی در کُدام حُروف است؟ چَند کَلَمه بنویس که آن حُروف را داشته باشند.

تمرین دوّم

اسم سه گونه ی تاریخی زبان فارسی را بنویس.

در زَبان فارسیِ جَدید از شیوه‌های گوناگونی برای نِگارشِ خَط اِستِفاده می‌شَود و به مَجموعه‌ی این شیوه‌ها خوشنِویسی می‌گویَند. بَرخی از شِناخته‌شُده‌تَرین خَط‌ها:

خط نَستَعلیق

این خَط تَرکیبی از دو خَطِ نَسخ و تَعلیق است.
خَطِ نَستَعلیق بیشتر برای نِوِشتَنِ شِعر و مَتن‌های اَدَبی اِستِفاده می‌شَوَد.

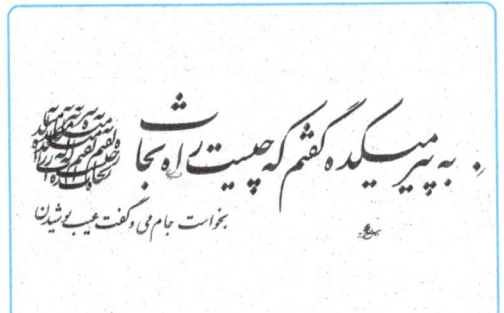

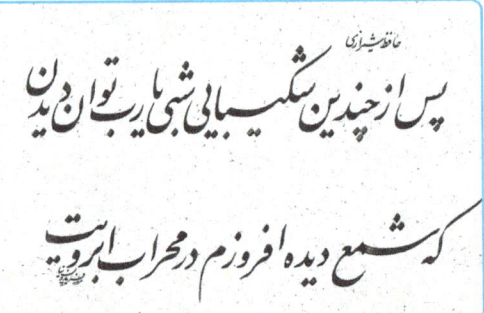

خط شِگسته نَستَعلیق

بیشترِ شِکل‌های آن از شِکَستَن و رَها کَردنِ خَطِ نَستَعلیق گِرِفته شُده است.

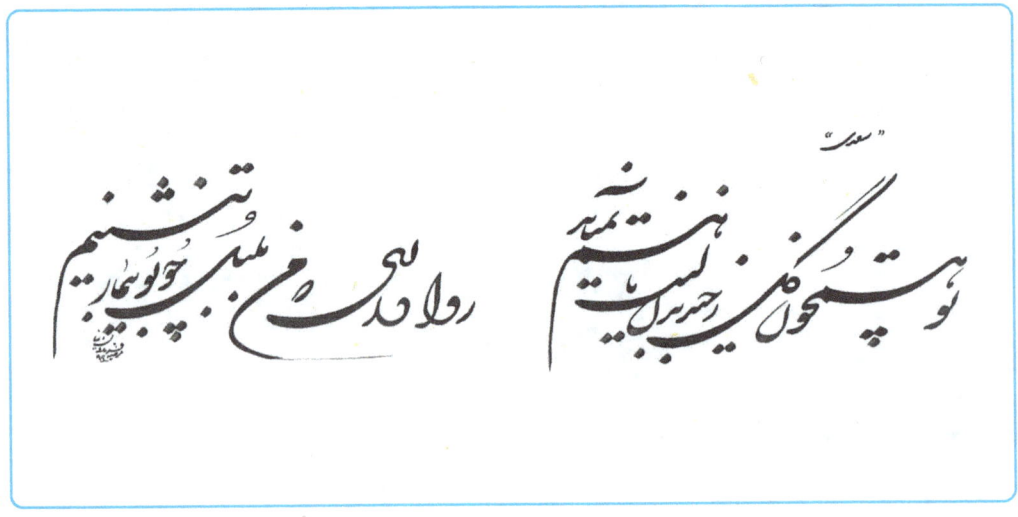

خَطِ ثُلث

این خَط بیشتر برای تَزیینِ کِتاب‌ها، کَتیبه‌ها، و بَناهای مَذهَبی به کار می‌رَوَد.

نِمونه‌ای از سیاه مَشق

در این خط بعضی حروف و کلمات تکرار می‌شوند و ترکیب تازه‌ای شکل می‌گیرد.

در چَند دَهه‌ی اَخیر اَز خَطِ فارسی در هُنَرهای دیداری مانَندِ نَقاشی و مُجَسَمه‌سازی هَم اِستِفاده می‌شَود. بَعضی از هُنَرمَندانی که از حُروف فارسی در آثارشان اِستِفاده می‌کُنَند:

حُسین زِنده‌رودی

نَقاشی‌های خود را با تِکرارِ حُروف یا اَعدادِ فارسی خَلق می‌کُنَد.

پَرویز تَناوُلی

مُجَسَمه‌سازِ مُعاصِر که از کَلمه‌ی «هیچ» در خَلقِ مَجموعه‌ای به هَمین نام اِستِفاده می‌کُند.

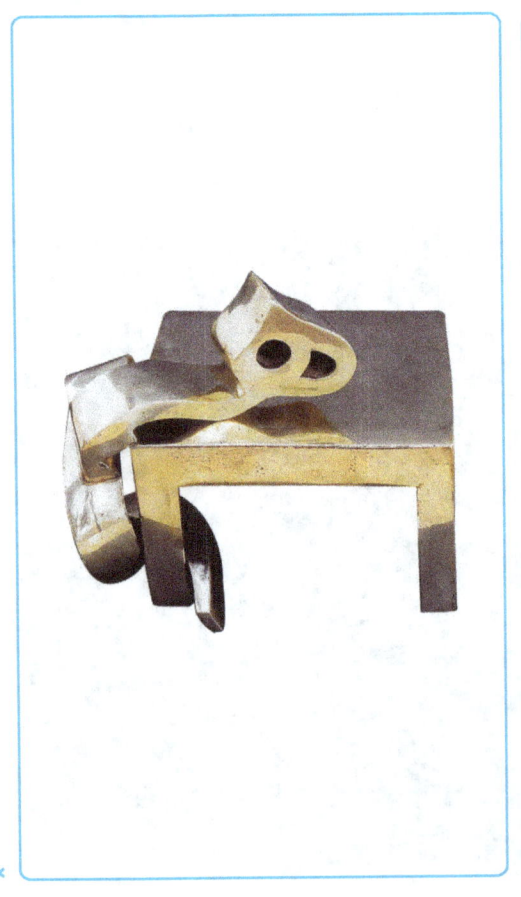

فرهاد مشیری

از کلمه‌ها یا عِبارَت‌های فارسی در بَعضی از آثارَش اِستِفاده می‌کُنَد.

تحقیق

در اینتِرنِت آثارِ این سه هُنَرمند را جُستجو کُن. چه تَفاوُتی میانِ اِستِفاده‌ی این هُنَرمَندان اَز خَط و نِوِشتارِ فارسی می‌بینی؟
آیا هُنَرمَندانِ دیگری را می‌شِناسی که اَز خَطِ فارسی در آثارِشان اِستِفاده می‌کُنَند؟

133	**	Kaisu Raasakka (Nirana)	CC BY 4.0, https://www.flickr.com/photos/ninara/46929965452/
137	*	Amin Berenjkar	CC BY 4.0, https://www.mehrnews.com/photo/3586780
137	**	Malcolm Williams	CC0 1.0, https://www.flickr.com/photos/malcolm16/6603967049/
137	***	Kaisu Raasakka (Nirana)	CC BY 4.0, https://www.flickr.com/photos/ninara/41041066040/
139	*	Kaisu Raasakka (Nirana)	CC BY 4.0, https://www.flickr.com/photos/ninara/16343181334/
140	*	Abdollah Keyvani	-
141	*	Maloos Khonsarian	-
141	**	Radiokukka	-
160	*	Marzieh Fereidoon-nia	-
161	*	Marzieh Fereidoon-nia	-
161	**	Behnaz Hooshmand	-
162	*	Parviz Tanavoli	-